国際経営財務の研究

― 多国籍企業の財務戦略 ―

小林康宏 著

税務経理協会

は　し　が　き

　国際経営財務論は，多国籍企業を研究対象としている。第二次大戦後，経済復興を遂げつつあった西ヨーロッパへ，アメリカから多くの大企業が進出した。それらの大企業が多国籍企業と呼ばれるようになったことはすでに知られている。

　国際経営財務論の研究もその時から始まったと考えてよいであろう。アメリカ大企業のヨーロッパへの進出は，1958年のEEC成立を契機とするものであるから，その研究の歴史は50年以上になる。学問の歴史としては決して長くはないが，しかし多国籍企業の活動やその経営組織，経営行動は通常の国内企業と比較すると著しく複雑である。それが経営財務論に研究領域の広さと複雑さをもたらしている。

　本書を出版する理由の一つは，多国籍企業の財務に関する研究が，他分野と比べて少ないことである。したがって国際財務活動に関して，その一部をまとめて理解を深めたいと考えたことがその理由である。

　国際経営財務の研究は，この50年以上の間に資本主義経済の構造変革と共に変化している。研究が始まった初期にはまだ変動相場制ではなかった。またEUは誕生していなかったし，共通通貨ユーロも存在していなかった。1990年を境にして，東西ドイツの統合や東欧諸国の独立により移行経済圏が形成された。また，企業経営においては，多国籍企業の各国への進出により，株主価値向上の経営がグローバルスタンダードとして定着している。したがって本書では，それらの変革を前提にして多国籍企業の国際的な資本循環を検討している。その内容は，1982年に刊行された拙稿「多国籍企業の財務政策」（岩田巌雄，高橋昭三編『現代証券市場と企業財務』大月書店，第5章所収）を基本的な枠組みとしている。

各章の要点を紹介しておこう。
　第1章の国際経営財務論の発展と環境は,「商経論叢第49巻2・3合併号」（神奈川大学経済学会, 2014年3月）に発表した論文を一部修正, 加筆したものである。とくに国際経営財務論は3段階を経て発展してきたこと, 貿易が中心である1970年代初頭までの時期, そして70年代初期の変動相場制以降からの外国為替変動への対応の時期, そして90年代からのグローバリゼーション下の国際財務活動の発展プロセスを論じている。
　第2章の経営国際化の財務論理は,「立教経學研究」第67巻第3号（2014年1月）に投稿した同名の論文を一部修正, 加筆したものである。国際経営の理論としてアリバーの資本化率と海外直接投資, ハイマーの直接海外投資と国際寡占, バーノンのプロダクト・サイクル・モデルの検討, そしてバックレイとカソンおよびラグマンの主張する内部化理論を検討し, 最後にダニングの折衷理論を分析した。それらの経営国際化の学説を検討する中で, それが財務活動と密接に関係することを明らかにした。
　第3章の多国籍企業における資本と利益は, とくに2000年代の海外直接投資の特徴を説明している。これは拙稿「多国籍企業における資本の論理」（大橋英五教授古稀記念論文刊行委員会編『経済成長の幻想』創成社, 2015年11月, 第1部第6章所収）を転載したものであるが, 海外直接投資の分析は執筆してから大きな変更はないことから一部修正と加筆を行った。さらには多国籍企業の資本循環や生産と資本の国際化とグローバリゼーションを新たに書き下ろし, また利益管理方法としてタックスヘイブン利用による課税回避戦略を新たに書き下ろし追加している。
　第4章の多国籍企業の資本調達では, 国際資本調達の基本形態と特徴を論じている。特に強調したことは, ユーロ市場の構造と特徴, それと資本調達の状況を明らかにしている。この部分は拙稿「ユーロ市場の発展と企業の財務戦略—多国籍企業の資本調達を中心として—」（故岩田巌雄教授追悼号「商學論纂」第32巻第1・2号, 中央大学商学研究会1990年7月）を一部引用している。またフィナンシャル・スワップの債務交換では, その基本形の枠組みを, 拙稿「国際金

はしがき

融・資本市場における財務革新」（高橋昭三編『資本市場の変容と経営財務』中央経済社，第6章所収，平成4年）から一部引用している。スワップ取引の内容は新たに書き下ろし，スワップのスキームは新たに書き下ろして追加した。第5章の多国籍銀行の発展と国際化戦略は，「商経論叢第43巻第1号」（神奈川大学経済学会，2007年5月）の投稿論文を一部修正加筆したものである。

　多国籍企業の研究領域は，今日では一層多様化して複雑である。本書はその一側面をとらえたに過ぎない。とりわけ多国籍企業の利益管理は主要な財務領域であるが，本書では十分に論じられなかった。それらの残された問題は，今後の課題としたい。

　本書が成るまでには，多くの方々のご指導を受けている。
　とくに学部時代に，故太田譲先生（関東学院大学経済学部）のゼミ生として企業経営の勉強を始めたことが出発点であった。その後，大学院に進学してからは，故岩田巌雄先生（中央大学大学院商学研究科修士課程），そして故中村常次郎先生（中央大学大学院商学研究科博士課程）の下で，株式会社金融論をはじめドイツ経営学，企業経営学，多国籍企業論と幅広く講義とご指導を受けることができた。さらに，大学院時代から継続して高橋昭三先生（立教大学名誉教授）を中心とした経営財務研究会に入れていただき，今日まで研究活動を続けることができた。ここに厚く御礼を申し上げたい。先生方のご指導がなければ，本書は出版することができなかったであろう。さらに先生方には公私とも大変なお世話になった。深く感謝申し上げたい。

　最後に，出版事情が困難な状況にもかかわらず，本書の出版に際して格別の御配慮をしていただいた税務経理協会の峯村英治氏に感謝申し上げたい。

2016年3月15日
　　　　　定年退職の年　卒業式の日を前にして　　研究室にて

　　　　　　　　　　　　　　　　　　　　　　　　　小林　康宏

要　約

　国際経営財務の研究は，Multinational Business Finance, Multinational Financial Managementとも呼ばれている。その研究は，1960年代の多国籍企業の発展と共に成立したが，その当時，日本は為替レートがまだドルに対して固定相場制であった。したがって為替レートも常に変化する状況ではなかったために，企業経営ではそれほど為替レートの変化に注視することもなかった。当時の国際経営財務の研究も国内市場中心の財務理論の延長線上にあり，その応用でもって十分に国際財務活動に対応できるものであった。

　しかしその研究は，1960年代後半から70年代初期（73年まで）にかけて国際金融上の変革があったことにより，その重要性が増してくる。この時期，特に1970年に起こったニクソン・ショックとその後（1973年まで）の先進資本主義国による対ドルとの通貨の交換レートを変動相場制へ移行するという国際金融上の変革は，従来からの経営財務論に新しい領域と方法をもたらすことになった。

本書の特徴

　海外直接投資の動向から多国籍企業の特徴を明らかにしている。タックスヘイブンなどの国々での利益管理方法や国際金融・資本市場での新しい財務革新，金利スワップなどの手法を検討していることである。

　終章では多国籍銀行の金融行動を検討している。

目　　　次

はしがき

第1章　国際経営財務論の発展と環境 …………………………………3

1　はじめに―経営国際化と財務活動の環境― ………………3
2　国際経営財務論の生成と多国籍企業 ………………………6
　(1)　国際経営財務論の生成 …………………………………6
　(2)　初期の研究―ゼーノフとツヴィックおよびウェストンと
　　　ソージー― ………………………………………………7
3　国際経営財務論の3つの展開と多国籍企業の発展 ………12
　(1)　貿易と国際経営財務論の形成 …………………………12
　(2)　海外直接投資と国際経営財務論の発展 ………………16
　(3)　グローバリゼーションと国際経営財務論の環境 ……18
4　国際経営財務論の形成段階―ロビンズとストバウ―……20
　(1)　企業間の財務リンク ……………………………………20
　(2)　多国籍企業の財務機能の発展 …………………………24
5　国際経営財務研究の第2段階 ………………………………27
　(1)　変動相場制と国際経営財務の研究 ……………………27
　(2)　アリバーの外国為替変動に対応する財務活動 ………28
6　グローバリゼーションと国際経営財務研究の第3段階…31
　(1)　金融資本主義と国際経営財務研究 ……………………31
　(2)　グローバリゼーション下の国際財務活動―カブスギル，
　　　ナイト，リーゼンバーガー― …………………………34
7　結　　び ………………………………………………………40

第2章　経営国際化の財務論理 …………………………43

1　はじめに …………………………………………………43
2　国際経営財務と国内経営財務の違い …………………44
(1)　国際金融・資本市場の領域 …………………………45
(2)　海外経営経済環境 ……………………………………46
(3)　外国為替市場 …………………………………………46
(4)　企業内資本管理 ………………………………………47
3　アリバーの直接海外投資と外国為替，資本化率 ……48
(1)　外国為替の変動と負債の表示通貨の決定 …………48
(2)　直接海外投資と資本化率 ……………………………50
(3)　直接海外投資と外国為替論 …………………………54
4　ハイマーの直接海外投資と企業優位性，国際寡占 …57
(1)　直接海外投資と企業優位性 …………………………58
(2)　資本の国際化 …………………………………………60
5　バーノンのプロダクト・サイクル・モデル …………61
(1)　プロダクト・サイクルと国際化 ……………………61
(2)　新しい国際環境におけるプロダクト・サイクル仮説 …67
6　市場の内部化理論—バックレイとカソン，ラグマン— …70
(1)　バックレイとカソンの内部化理論 …………………70
(2)　ラグマンの内部化理論 ………………………………75
7　ダニングの折衷理論 ……………………………………81
(1)　折衷理論の位置 ………………………………………81
(2)　国際生産のための折衷理論 …………………………82
8　結　び ……………………………………………………84

目　次

第3章　多国籍企業における資本と利益 … 87

1　はじめに … 87
2　多国籍企業の資本循環 … 88
　(1)　資本と労働 … 88
　(2)　生産と資本の国際化 … 91
　(3)　経営国際化の動機とグローバリゼーション … 96
　(4)　グローバリゼーションの推進要因 … 97
3　グローバリゼーションの本質と金融資本主義の挫折 … 101
4　海外直接投資と多国籍化の指標 … 104
　(1)　多国籍化の基準 … 104
　(2)　海外資産の所有額 … 108
5　2000年代の国際直接投資の変化 … 112
　(1)　国際直接投資の特徴 … 112
　(2)　海外直接投資家の新しい形態 … 115
6　海外直接投資の資金構成 … 116
　(1)　親会社持分と留保利益 … 116
　(2)　アメリカ海外直接投資の資金構成 … 119
7　海外直接投資の利益と再投資利益 … 121
8　多国籍企業の課税回避戦略とタックスヘイブン … 123
9　結　び … 128

第4章　多国籍企業の資本調達―国際金融・資本市場における財務革新― … 131

1　はじめに … 131
2　国際資本調達の基本形態 … 132
　(1)　多国籍企業の内部資本源泉 … 132

(2) 多国籍企業の外部資本源泉 ………………………………… 133
　3　多国籍企業の資本調達と金融子会社の役割 ……………… 136
　4　ユーロ市場における資本調達 …………………………………… 138
　　　(1) ユーロ市場の構造とその発展 ………………………………… 138
　　　(2) ユーロ通貨市場の金利構造と資本調達 …………………… 141
　　　(3) 変動金利の概念と革新的財務方法，ユーロ・ボンド市場 …… 143
　5　スワップ取引の債務交換方法 …………………………………… 147
　　　(1) フィナンシャル・スワップの種類 …………………………… 147
　　　(2) フィナンシャル・スワップの原型 …………………………… 150
　　　(3) 通貨スワップの構造 ……………………………………………… 153
　　　(4) 金利スワップの構造 ……………………………………………… 153
　6　ライボー・スキャンダル ………………………………………… 158

第5章　多国籍銀行の発展と国際化戦略 …………………………… 163

　1　は じ め に ………………………………………………………… 163
　2　銀行の国際化と多国籍化 ………………………………………… 165
　　　(1) 初期の海外進出形態 ……………………………………………… 165
　　　(2) アメリカの銀行の国際化 ……………………………………… 167
　　　(3) アメリカの銀行のM＆A ……………………………………… 172
　3　多国籍銀行の戦略と提携 ………………………………………… 174
　　　(1) 銀行の海外進出形態と多国籍企業 …………………………… 174
　　　(2) 多国籍銀行の金融業務の多角化 ……………………………… 179
　　　(3) A. Slagerによる銀行国際化の戦略パターン ……………… 183
　　　(4) 国際化基準としての自己資本比率および収益性 ………… 188
　4　結　　び ……………………………………………………………… 195

索　　引 ………………………………………………………………… 197

国際経営財務の研究

― 多国籍企業の財務戦略 ―

小林　康宏

第1章　国際経営財務論の発展と環境

1　はじめに—経営国際化と財務活動の環境—

　市場競争を基本的原理とする資本主義経済は，必然的に企業の巨大化，大規模企業体制を生み出す。巨大企業が出現したのは，19世紀後半の1880年代から20世紀初頭の1910年代においてであった。世紀の転換期といわれたこの時期に，アメリカ経済においては，第1次企業合同運動が活発に起こり，多くの企業の合併・買収が行われて巨大企業が出現した。USスティール，スタンダードオイル，モルガン銀行など，多くの産業と金融の両面で独占，寡占の大企業体制が形成されていた。この時期の経営財務論は，企業巨大化のための資本調達の制度や証券発行の方法，合併財務の手続きや制度の内容であった。デューイングの「株式会社の財務政策」(A.S.Dewing, The Financial Policy of Corporations, N.Y.1919)はその嚆矢であり，当時の株式会社の一生涯の財務問題を体系的に扱った大作である。

　その後，それら巨大企業は，20世紀の資本主義社会を牽引し，100年後の現代において海外進出とクロスボーダーの合併・買収を行いながら多国籍企業として成長を遂げている。特にその国際化は，1958年以降からアメリカ企業のEEC市場への進出，その多国籍企業化から始まった。そして世紀の転換期から100年後の今日において，すなわち1990年代から2000年代初頭のいわば資本主義経済における「第二の世紀の転換期」の中で，それら多国籍企業は，今日のグローバリゼーションを推進し世界経済の中核を担っている。「第一の世紀の転換期」は，企業の水平的合併・買収による巨大化であったが，20世紀後半

の「第二の世紀の転換期」では，巨大企業の国際化，グローバル化が展開され，国際市場において水平的，垂直的なM＆Aと海外進出が展開されている。巨額な資本を投資してクロスボーダーのM＆Aを行い多国籍企業として世界経済を牽引する原動力になっている。

　後段でも触れるが，グローバリゼーションと多国籍企業との関係は密接である。1989年には，東西ドイツが統合された。また1990年にはソ連邦が崩壊したことで，それまでソ連に統合されていた東欧諸国が相次いで独立し，資本主義へと体制転換を遂げ始めた。2000年以降からは中国が，著しい経済成長を果たし開放政策の中で市場経済化を進めている。これらの一連の変革は，世界経済全体の資本主義化，市場経済化を意味するが，そのことは多国籍企業にとっては広大な市場の拡大を意味することになる。社会主義国をも含めた企業間競争の激化が，グローバリゼーションを拡大させている。また旧社会主義国の市場経済化に伴って国有企業の民営化が進められたが，その民営化は企業の株式会社への転換を意味することから，株式，証券の大量の発行を伴うことになった。それが証券投資の国際化をも同時に押し進め，金融経済の国際化を促進する一要因になっている。

　多国籍企業と多国籍銀行の海外進出は，海外子会社や海外関連会社の設立，外国企業との提携（alliance），国際的M＆Aなどが海外直接投資（FDI＝Foreign Direct Investment）の形態で行われる。当然にそれらの議決権付普通株やその他持ち分の10％以上の親会社所有が，海外直接投資の意味するところであるから，親会社（本社）による所有と支配の集中が行われる。もちろんそれは，国内市場とは環境が異なるために様々な経営上，財務上のリスクを伴う。多国籍企業と多国籍銀行の海外活動は，製造業，金融業，サービス業，通信業などあらゆる産業分野に浸透し，各国の経済を統合するようになる。そのことは同時に，外国の社会問題や外国の経済変動が自国に伝播することになる。それらに対して本国の経済・金融政策がコントロールできない状況が生まれる。海外のカントリー・リスクが国内に影響を与えることで，企業はそれらのリスクに晒されることになる。たとえば，2008年に起こったアメリカでのサブプライム

ローン債権の証券化の行き詰まりと，それを原因としたリーマンブラザース破綻を含むアメリカの投資銀行5行の破綻によるリーマン・ショックの金融危機が世界の金融・資本市場を震撼させた。住宅ローン債権の証券化形態が何度も重複されて複合化された擬制資本の価格の形成とその下落は，肥大化した金融資本主義の崩壊をも意味するようであるが，それが証券価格の下落をもたらし世界市場に伝播して各国の不況の要因を作り出している。

また貿易においてもリスクは生ずる。

アメリカ経済の不況は，とくに隣接国カナダ経済に景気後退をもたらすであろうし，またアメリカと貿易や経済関係の深い国々はその影響を被る。アメリカへの輸出の多いメキシコ，日本，中国などは輸出鈍化し，それが国内経済の不振につながる。貿易の不振すなわち輸出の停滞は，おのずと国内経済において生産の縮小を余儀なくされるために，失業率を増大させることになる。すなわち，各国の経済統合，市場の同質化と相互依存は，ますます各国のリスクをそれぞれにもたらすということを認識しておく必要がある。

企業経営の国際化や多国籍化は，国内経済において産業の空洞化を伴うことも周知のことである。生産活動が国際的に分散して，とくに日本の場合では，アジア地域に移転することにより産業の空洞化が深刻である。経営の国際化は，購買，生産，販売の経営過程の海外拡大を意味している。しかしそれは他方では，資本の国際化を伴うことは特に認識しておかねばならない。多国籍企業という資本の循環運動の国際化は，国際経営活動の基本的側面を構成しているからである。国際金融・資本市場はその活動の基礎部分を構成する。とくに国内企業の場合には，単一通貨の資本循環であるが，多国籍企業の資本循環運動には複数通貨が含まれる。したがって資本の国際化を理解する場合に外国為替市場は，国際金融・資本市場とともに重要な財務領域となる。財務活動においては本社への集権化と現地への分権化の財務の権限分化が明確になる。

国際経営財務論は，今日まで3つの発展段階を経ている。第1段階は1970年代初頭までの貿易を中心に国際化が推進された時期である。第2段階は1970年代初期の先進工業国による変動相場制がとられた時期から1990年までの国際化

の時期である。そして第3段階は，1990年から今日までのグローバリゼーションと国際的M&Aが活発に行われている時期である。本章はその3つの発展段階の国際経営財務論を論じ，各段階の内容，特徴を分析している。

2　国際経営財務論の生成と多国籍企業

(1)　国際経営財務論の生成

　国際経営財務（International Business Finance）の研究は，アメリカやヨーロッパ諸国の先進国において成長を遂げた巨大企業が，1960年以降から国際的に活動する多国籍企業へと発展したことと関係が深い。多国籍企業の財務活動，経営の国際化に対応した財務理論が，まさにここでの国際経営財務の基本領域である。

　国際経営財務の研究は，Multinational Business Finance, Multinational Financial Managementとも呼ばれている。その研究は，1960年代の多国籍企業の発展と共に成立したが，その当時，日本は為替レートがまだドルに対して固定相場制であった。したがって，その時期は，為替レートも常に変化する状況ではなかったために，企業経営ではそれほど為替レートの変化に注視することもなかった。当時の国際経営財務の研究も国内市場中心の財務理論の延長線上にあり，その応用でもって十分に国際財務活動に対応できるものであった。

　しかしその研究は，1960年代後半から70年代初期（73年まで）にかけて国際金融上の変革があったことにより，その重要性が増してくる。この時期，とくに1970年に起こったニクソン・ショックとその後（1973年まで）の先進資本主義国による対ドルとの通貨の交換レートを変動相場制へ移行するという国際金融上の変革は，従来からの経営財務論に新しい領域と課題をもたらすことになった。すなわち多国籍企業はその資本の循環過程が国際的に拡大していることから，複数の通貨をその資本循環過程に含んでいる。変動相場制下では，継続的に為替レートが変化するために，それが直接に企業利益に影響する。1960

年代からのドルの過剰な流通とドル価値の下落を原因とした先進工業国による変動相場制への移行は，国際経営全体に新しい理論と管理方法を必要とさせることになった。国際経営財務の研究では，外国為替のリスク管理は，固定相場制下では財務のほんの一領域にすぎなかったが，1970年代初頭からは，為替相場の変動による為替差損益のヘッジと対応は，日常的な財務戦略として重要な領域になったことと，国際経営財務論の中心領域を形成するようになった[1]。

しかし，国際経営財務の研究は，国内企業を中心とした既存の財務理論を捨象するものではなく，それを基礎にして新しい領域を含んで展開されている。多国籍企業も巨大な株式会社形態であることから，その財務領域も金融・資本市場における資本調達，資本の管理運用，そして資本投資の決定という基本的な枠組みを基礎にしていることはいうまでもない。国際経営財務論は，従来の経営財務論の基本領域を基礎にして，さらに新しい財務問題すなわち国際市場において特有の不確定要因やリスクの処理方法，規制のない自由市場としてのユーロ市場における資本調達，外国為替市場の変化と関わる複数の通貨管理，各国の海外子会社間を循環する国際的な企業内資本移動の管理，そして国際資本予算と国際分散投資決定の問題などが含まれる。

(2) 初期の研究―ゼーノフとツヴィックおよびウェストンとソージ―

国際経営財務論の初期の研究でしかも体系的な理論としては，ゼーノフとツヴィック (Zenoff, David B. & Zwick, Jack.) による *International Financial Management,* Prentice-Hall, 1969 (番場嘉一郎監訳，森薗英輔訳『国際財務管理―理論と事例研究―』ぺりかん社，1978年) がある。

ゼーノフとツヴィックは，国際財務管理においては，資本予算や資産管理などの財務管理については国内財務理論の既存体系に基づいて行われることを指

---

[1] 日本での国際経営財務の研究は，日本経営財務研究学会が1982年に，国際経営財務の特集 (於・九州大学) を行っている。拙稿「資本市場の国際化と多国籍企業の資本調達」『国際経営財務の解明 (日本経営財務研究学会編，1983年) 中央経済社，第4章所収。

摘する。しかし国際資本移動の管理や海外の環境上のリスク評価といった問題は，新しい理論の開拓が必要であると主張している[2]。彼らは，国際経営活動で特に考慮すべき基本要素を次のように指摘する。①外国政府の政策しだいで，企業の所有資産が喪失したり経営活動の自由が阻止されたりする可能性。②国家間の資金移動の制限や在外子会社の資産・利益の面で為替差損が発生したり，受入国又は貸付国の国際収支上の諸問題発生の可能性。③円滑な企業経営を著しく阻害するインフレが受入国で起きる可能性である[3]。

　企業の海外活動は常に国内とは異なった不確定要因を伴う。とくに外国企業が受入国経済に対して強い影響力を持つようになると，受入国 (host country) 政府は，外国企業の財産の収用措置をとることがある。たとえば受入国の国益を損なう可能性は，外国企業が受入国内で不公正な競争を引き起こす場合，また配当金，特許料，その他手数料という形態での海外利益の本社送金が，受入国からの資金流出の原因になっており，受入国の国際収支悪化を生じさせていることなどである[4]。このような場合，受入国政府は，外国企業に対してさまざまな規制を課す。多国籍企業の海外子会社が受入国経済を支配し，市場独占の戦略を本社から指令されている場合などでは，受入国政府の規制が強くとられることになる。

　受入国はこうした国益に反するような多国籍企業の行動に対しては各種の規制政策をとるようになる。たとえば，現地子会社から親会社への現地利益送金の制限や規制，また国際収支改善の目的から，現地子会社が本国から原材料，製品，部品を輸入することを制限することがある。1970年以降，アジアの発展途上国では，ローカルコンテンツ規制を設けていることはよく知られている。さらに受入国政府は，「外国人経営者，技術職員の入国人数を厳しく制限した

---

[2]　Zenoff David B.& Zwick, Jack. International Financial Management, Prentice-Hall, 1969, p.6.（番場嘉一郎監訳，森薗英輔訳『国際財務管理―理論と事例研究―』ぺりかん社，1978年，8ページ）
[3]　*Ibid.*, pp. 28-29. 同訳書32ページ。
[4]　*Ibid.*, pp. 32-33. 同訳書37ページ。

り，外国人所有の事業に対して所得税，売上税，超過利潤税など税務の行政面から差を設けることができる」5) などである。

　企業の海外進出が活発化し海外所有資産が増加するほど，親会社にとってはこのような危険は高まるが，海外でのこうしたリスクや資産損失の可能性は，カントリー・リスクといわれている。海外活動においては，現地政府の各種政策や平価切下げ，為替管理，インフレーションなどによって，企業の利益と資産を減少させるような受入国の環境上の要因に関して十分な情報を得ておかねばならない。今日の企業経営の目的が，株主価値重視の経営とか企業価値向上の財務政策が強調されている中では，なおさら以上のことがいえるであろう。

　またその後の理論に，ウェストンとソージ（Weston J. Fred.& Sorge, Bart W. *International Managerial Finance*, Irwin, 1972）の国際経営財務論がある。ウェストンとソージも企業の海外活動において考慮すべき要素を以下のように指摘する。①税制度の違い，②資本移動とその利用に関する現地政府の規制，③輸出入価格の統制及び現地での経営活動に必要な原材料や商品の分配制限，④財政・金融政策に関する問題である。さらには⑤現地通貨の為替レート変動予想が経営活動での収益性評価において重視されなければならないと指摘している6)。これらの国際経営上の考慮すべき問題は，資本調達と運用そして投資という財務の基本構造と直接に関係する要素である。国際経営活動においては，その市場競争と市場リスクは国内市場のそれと比べて，その形態や程度において大きな違いがあることが明らかである。

　ウェストンとソージは，海外活動における特有のリスクを次のように指摘する。

　ある国で生産され他国で販売される商品のコストと価格へのインフレ率の差によるインパクト，外国為替レートの変化と平価の切り上げ・切り下げ，通貨と投資のトランスファー規制，受入国による外国投資の収容，法制度の違いな

---

5) *Ibid.*, p. 34. 同訳書39－40ページ。
6) Weston J. Fred &.Sorge, Bart W. International Managerial Finance, Irwin, 1972, p. 8.

表1-1 海外活動のリスク形態

活動形態	リスク形態		
	取引上	政治上	為替レート
販売活動	10	2	5
ポートフォリオ投資	7	4	10
直接投資と製造活動	2	10	8
程度：10（最高）	5（中間）	1（最小）	

（出所） J. Fred. Weston, & Bart W. Sorge, *International Managerial Finance,* Irwin, 1972, p. 57.

どへの対応である[7]。そして彼らは，海外活動のリスク形態を政治上，取引上，為替レートの3つに区分し，その程度を表1-1で示している。

表1-1から3つの活動のリスク形態を合計すると為替レートのリスクが23と最も高い。しかしすべての活動領域で為替リスクが高いわけではない。

海外の販売活動では，信用取引から生ずる取引上のリスクが大きい。相手企業の支払いが遅延したり支払い不能のリスクがある。その回避には相手国の経済状況や相手企業の信用評価が必要であるが，1つの方法としては，相手国の銀行や信用機関から情報を入手することが必要である。また政治上のリスクは，二国間の契約上の債務履行に政府が干渉するときに発生する。たとえば，資金のトランスファーに規制を課す場合などである。新しい法律や規制の制定，通商停止，あるいは関税率の格差の増大，政府による財産収用措置，または特別な事態ではあるが，戦争や敵対的軍事行動などは最も大きなリスクとなる。しかしこうした不確定で潜在的な損失をカバーし，その損失を補償する公的な機関がアメリカでは設けられている。アメリカ政府の代表機関である輸出入銀行，海外民間投資会社（Overseas Private Investment Corporation）がそれである[8]。そして為替リスクは，外貨建て取引の場合には，いつでもエクスポージャー（exposure）が発生する。外貨の切り下げは，投資利益を常に損失の危険にさ

---

7) Weston J. Fred & Sorge, Bart W. Introduction to International Financial Management, McGraw-Hill, 1977, pp. 175–176.
8) Weston & Sorge 1972, *op. cit.*, p. 58.

らすことになる。為替レートの変動は，海外直接投資の期待利益を測定するときの不可欠な要素になる。

　国際経営活動における金融リスク要因が財務上重要になるのは，1970年以降からである。1973年の第1次石油危機を元凶とした世界的なインフレーションによって，先進工業国ならびに発展途上国とも異常な物価上昇にみまわれたが，現地子会社にとっては，受入国での部品，原材料等の現地調達価格の高騰ならびに労務費の上昇，さらには現地政府による為替管理，外国通貨切り下げ，高い関税率の賦課が，企業にとって資本コスト上昇要因となり，それが財務計画の変更，修正の要因になった。また金利変動により金利リスクを認識せざるを得なくなった。

　ゼーノフとツヴィックは，既にこうしたインフレ下では「利益獲得能力の防衛」と「既存資産の現実的価値の保護」への対応を強調している。前者については価格政策や費用管理の徹底，後者の政策は，現地子会社の現金や受取勘定など現金類似資産の購買力が現地インフレで減少する恐れがあるから，それら流動資産を低い水準に維持する必要があると述べている[9]。

　また1970年代初期は，先進工業国がドルに対して変動相場制へ移行した。石油産油国による原油価格の4倍増により貿易収支の赤字の累積，そしてドル危機が深まる中で戦後のドルを基軸としたIMF体制が崩壊せざるを得なくなった。こうした国際金融の激変は，ドルベースで海外戦略を展開しているアメリカ多国籍企業にとっての大きなリスク要因となった。継続的な為替レートの変動が，企業価値を損なうリスク要因となったからである。しかしながら貿易と決済通貨がアメリカドルである場合には，アメリカ多国籍企業にとっては基軸通貨としてのドルベースが有利に働く。

　1973年以降の変動相場制は，それまでの固定相場制の時代の国際経営財務論とは基本的枠組みが異なってくる。貿易が主体であったときの国際経営財務論では貿易金融，輸出入に関するファイナンス，財務管理組織として本社と海外

---

9) Zenoff & Zwick, *op. cit.*, pp. 123–125, 同訳書 139–142ページ。

子会社との財務関係が主な内容であった。変動相場制の時代には，外国為替相場の変動をいかにヘッジするかが多国籍企業の主要な財務戦略になったことから，複数の通貨の為替レートの変動をいかに予測するかが，企業財務の根幹になった。さらに1990年以降からのグローバリゼーションの進展は先進国のみではなく，急速に経済成長を遂げる発展途上国を含めて，企業の国際化戦略の再構築を迫ることになった。社会主義国を含む世界市場での企業間競争が，クロスボーダーM＆A，アライアンスなど新しい財務戦略の領域を形成している。

3　国際経営財務論の3つの展開と多国籍企業の発展

(1)　貿易と国際経営財務論の形成

　ここでの課題は，商品の輸出入すなわち貿易の視点から経営国際化を捉えていこう。

　企業の海外進出は，まずはじめに販売活動の国際化，すなわち輸出から始まる。とくに日本の場合に当てはまることであるが，経営に必要な原材料や部品，天然資源を外国から輸入して優れた工業製品を生産し，それを輸出するという加工貿易が経営国際化の第1段階である。輸出入という貿易が国際化の始まりである。そのことは個別企業の国際化においては，販売活動すなわち販売過程の海外延長であり，海外への市場拡大が経営活動の最初の目標である。

　このように経営の国際化は，最初は商品の輸出という貿易を基礎に展開する。個別企業のレベルでは，購買，生産，販売という過程が最初から全て国際化するのではなく，経営過程最後の段階の販売活動の国際化，すなわち海外市場を求めてその海外延長が行われる。これは，国内において商品生産が行われ，国内需要が停滞し始める段階から海外市場への拡大が行われる。経済学の古典的貿易論では，アダム・スミス（Adam Smith）やデービッド・リカード（David Ricardo）の学説に見られるように，商品の生産と国家間でのその商品の移動に関しては生産費比較優位説がある。自国では，最も能率的に生産できる商品生

産と販売に特化し，それを他国と交換（貿易）するというのがその考え方である。それぞれの国は，得意な産業分野で生産費の比較優位な商品生産に特化する。それを他国の商品と交換するという二国間での貿易を基礎にした考え方が古典派経済学の分野では早くから論じられていた。リカードのそれについての比較優位性の理論は有名である。

しかしながらこの古典派経済学の理論では，国際的に移動する要素は商品とサービスであって，資本や労働などの生産要素は国家間での移動はないものとの仮定に立っていた。

今日の貿易は，二国間での取引だけでなく複数の国々との多角的貿易であり，単一国への輸出品も複数の商品が同時に輸出される。また生産要素の国際的移動も，資本や労働（人的資源，人間の移動）をも含むようになっている。とくに資本主義経済社会の中で，19世紀初期では，企業経営の大規模化とその社会的役割の増大に伴って，経済成長と社会の繁栄において企業組織体が最も重要な主体になったことにはまだ触れられていない。国家間の生産費の比較でのみ，その優位性が議論されていた段階であった。

今日の国際社会では，国際的に移動する要素，貿易において考慮すべきことは，国家間というマクロレベルではなく，個別企業の競争力というミクロレベルの視点から考えなければならない。先進国と発展途上国でその中心的な役割を持つ企業経営の戦略や技術，特許，ノウハウなど，経営における重要な競争優位を確立するための要素が作り出され国際移動を行うということである。貿易は，1つの製品が一国だけでなく複数国へ同時に輸出されている。また海外で生産された標準品が輸入（逆輸入を含む）されるという複合的な輸出入が行われているのが，第二次世界大戦後の世界貿易の新しい動きである。いわば面としての，商品と企業の国際移動によって現代の国際経済が形成されているのである。

したがって今日の貿易は，経営資源の国家間での一方通行の移動を考えるのではなく，一対一の貿易取引として考えるのではない。つまり国際間の貿易取引を点または線としてとらえるのではなく，商品の生産と輸出が，複数の国と

地域を結んだ面（地域）の中で行われていると捉える必要がある。

貿易における商品輸出に関する古典的な経済学では，商品の輸出の動機は比較生産費を基準に考えられていた。国家全体では，できるだけ安い生産費で効率的に生産できることに優位性を求めるという理論で輸出の動機が論じられていた。しかし企業経営上のミクロレベルでは，海外への輸出は，生産費の比較のみではなく，経営戦略上，売上高増大目標（市場占有率の拡大），海外の技術水準，企業間競争の状況，企業特殊優位性（特許，パテント，知識）などから説明されなければならない。

図1－1　企業活動の国際化段階

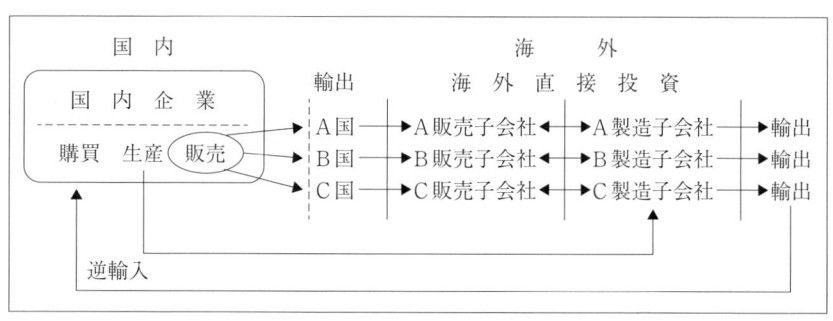

図1－1は，経営国際化の発展段階を示したものであるが，すでに述べたように個別企業の国際化の第1段階は，企業活動の最終過程である販売活動（販売過程）の海外延長すなわち輸出から始まる。輸出の動機は，海外への市場の拡大，換言すれば売上高増大目標である。国内市場での競争の激化が，海外市場へと駆り立てる。国内売上高と海外売上高との比較，企業総売上高が企業の財務目標として措定される。海外売上高の増大目標は，さらに総合商社を仲介した間接輸出から，やがて企業自身による直接輸出へ，そして海外販売子会社の設立へと発展する。それは商品輸出から資本輸出へ，すなわち海外直接投資の段階への発展である。このときの財務問題は，外国為替相場の変動が重要となる。輸出の増加は，輸出国通貨の価値上昇をもたらす。日本企業においては，1970年代後半からの貿易収支の黒字が円高をもたらし，それが輸出から企業の

海外進出，すなわち海外直接投資へと展開する。1985年のプラザ合意後の急激な円高は，特に製造業を中心に日本の大企業のみならず中小企業も含めて急速に海外進出を増加させたことはよく知られている。この段階は，国際化の第2段階すなわち海外直接投資による国際化の段階である。

　海外直接投資は，まず海外販売子会社の設立からはじまる。現地法人としての海外子会社設立は，海外直接投資の形態により行われるが，販売子会社，製造子会社の設立，そして複数国に設立したそれらの海外子会社を地域的に統括する地域本部（head quarter）が設立される。海外子会社の増加は，必然的にそれら子会社の資本調達とその資本管理を目的とした海外金融子会社の設立へと発展する。

　本国の企業は，海外販売子会社の設立により海外市場へ浸透するようになると，輸送コスト，製造コスト，輸送時間を削減するために海外製造子会社の設立へと発展する。海外製造子会社を通じて，現地生産による現地市場への販売と，さらに他国（第三国）への販売が行われるようになる。海外製造子会社が設立されるようになることは，生産活動の海外拡大であるから，それは本格的な生産過程の国際化を意味している。このように海外直接投資による海外子会社の設立は，経営国際化の第2段階を現している。その場合に海外子会社を新設する（green field investment）場合と外国企業を合併・買収（M＆A）する場合，または合弁事業形態（joint venture）をとる場合がある。また業務提携（alliance）の形態もとられる。

　しかし日本は，直接投資の受入れ（対内直接投資）よりも海外直接投資（対外直接投資）が多いのに加えて，さらに貿易の比重も多いことから，国際化が二重化されることで急成長を遂げてきた。1985年のプラザ合意以降，一層の円高が進行したことから，製造業を中心に日本企業の海外直接投資が急増した。特に価値生産の生産過程の海外移転は流通過程のそれとは異なっている。そのことが日本経済の空洞化を深刻化させている。さらに企業の海外進出は，おのずと金融機関の海外進出を伴うことから金融の国際化をも進行させた。

　後にみるように，貿易金融と外国為替取引の財務活動が企業内資本管理，輸

送コスト,製造コストの内外比較などを含んで,このときの国際経営財務の中心的な課題になっていた。

(2) 海外直接投資と国際経営財務論の発展

IMFの統一基準として,海外で外国企業の議決権付き普通株を10％以上所有するか,またはそれと同等の権益(持分)を取得した場合には,その資本投資は海外直接投資(FDI=Foreign Direct Investment)に,そしてそれが10％未満の場合には,海外間接(証券)投資(Foreign Indirect Investment)に分類される。したがって海外直接投資は10％持分取得を基準にしており,それだけ経営権への影響と経営支配力が大きいといえる。また外国企業の持分の50％超を所有した場合には,海外子会社(foreign subsidiary)を所有したことになり,それ未満の持分所有は海外関連会社(foreign affiliates)の規定である。

多国籍企業は,世界各国にこのような多くの海外子会社および海外関連会社を所有して,グローバルに活動を展開している。国際経営財務の研究は,国際的に幾つもの企業を所有した垂直的,水平的な企業集団としての多国籍企業を対象としてその資本の調達と管理,投資の領域を課題とするものと考えることができる。

海外に販売子会社を設立することから始まり,海外需要の増加により製造子会社(生産工場)を設立する段階は,価値を生産する機構である生産過程の国際化であることを認識することが重要である。販売という価値実現の流通過程と価値生産の生産過程との海外設置により,企業経営は本格的な国際化を展開したことになる。日本企業の国際化は,とくに1985年のプラザ合意以後の急速な円高により,東南アジア地域への進出が輸送コストと製造コスト削減を目的に活発になったことはよく知られている。

多国籍企業の海外進出は,その初期形態においては資源獲得を目的にしていた。古くはそれが先進国による植民地支配とも結びついたものであった。資源獲得のために海外に支店,代理店,外国企業との業務提携を行う国際化は,資源の調達活動すなわち購買活動の海外展開であり,流通過程の海外延長であっ

た。

　企業の大規模化に伴い輸出の増大と市場拡大の目的から海外に販売子会社を設立して，購買活動のみでなく販売活動の国際化を達成するようになる。このように企業経営の国際化は，まずは流通過程の国際化から始まる。そして本格的な国際化は，海外に生産拠点を設立するという海外製造子会社の設立へと発展する。この生産の海外移転すなわち生産過程の国際化は，流通のそれとは意味が異なる。生産過程では，大量の労働者を雇用して価値生産が行われているからである。新しい価値が創造されるプロセスが生産過程であり，それが企業利益創出の源泉である。利益創出の生産機構を国際的に拡大した形態が本格的な国際化といえるであろう。これらの形態は，海外直接投資形態で行われる。

　多国籍企業の海外直接投資は，1970年代から先進資本主義国相互間で相互浸透していた。

　お互いに先進国の間で企業が進出し合うことが活発に行われた。それらの国では海外進出形態として貿易から海外直接投資形態へと比重が移っていった。すなわち貿易は，短期的取引であるが，直接投資は長期間にわたって投下資本が海外に固定化されることから，経営財務の問題として，必然的に長期の視点で投資（支出）とその未来利益を割引計算した現在価値の比較を考える必要が強くなる。つまり長期の資本投資と未来利益の資本還元価値つまり現在価値との比較である。

　とくに，1985年のプラザ合意後の急激な円高と企業の輸出不振，業績低下，すなわち財務活動では外国為替レート変動からの差損益，エクスポージャー（exposure）といわれる影響が予測できない為替リスクという新たな経営財務の課題を生じさせてきた。外国為替のエクスポージャー対策は，先進国が1973年から変動相場制に移行してから，企業の為替リスクヘッジの財務方法として重要性を増し，今日においては財務の主要な領域を占めている。海外に多くの子会社を設立している多国籍企業にとっては，それだけ各種の通貨を調達・運用管理するので，外国為替の変動は国際経営財務の基本的領域になった。クロスボーダーでの各種の通貨の移動に関する本社管理の財務は，多国籍企業独特

の資本管理方法を必要とする。

　また経営者の戦略的志向，経営計画などを国際的視点から新たに構築する必要があった。財務的には国際的に分散した企業組織を親会社（本社）は，どのようにコントロールするのか，海外の金融・資本市場での資本調達のコスト比較，海外利益の本社送金や国際的な資金管理などが従来の経営財務論に加えて新たな財務領域となった。

(3)　グローバリゼーションと国際経営財務論の環境

　ここでは前節以降の国際経営財務の理論を振り返りながら，その後の発展，特に1990年以降からのグローバリゼーション下での多国籍企業の財務環境を論ずる。

　グローバリゼーション（Globalisation）とは，国際化（Internationalisation）のさらに拡大した状況，とくに1990年以降の世界の変化を意味している。1989年にドイツの東西統合，また1990年にはソ連が体制崩壊してロシアから東欧の社会主義国が相次いで独立し，資本主義化していったこと（移行経済圏の形成）を契機としている。そのことは，多国籍企業にとっては広大な市場が拡大したことを意味しており，それらの新規市場への進出が先進国の多国籍企業においてビジネスの拡大に繋がったからである。

　それに加えて旧社会主義国，旧ソ連から独立した東欧諸国は，国営企業の民営化を図り市場経済化を達成するために，株式会社化を推し進めた。国営企業の民営化は，株式を民間に発行するために，大量の株式が証券市場で流通し始めた。この国営企業の民営化による株式流通量の増大は東欧諸国以外でも，先進国とくにアメリカ以外の国々で積極的に行われた。1970年代には先進資本主義諸国，とくにイギリス，スペイン，フランス，イタリアで国家の財政赤字を原因として国営企業の民営化が積極的に行われた。日本でも国営企業が民営化されてＮＴＴ，ＪＲ，ＪＴなど民間企業へと再編された。これらは現在では持株会社形態（holding company）をとっている。

　さらにまた2000年以降，発展途上国の経済成長が著しい。とくに中国は社会

第1章　国際経営財務論の発展と環境

主義経済体制をとりながら改革開放政策を実施して，貿易・輸出を中心に国際化を図るために2001年に世界貿易機関（WTO）に加盟し，資本主義国と経済連携を深めている。また2000年以降から先進国の海外直接投資，M＆A投資が増大し，すなわち先進国の多国籍企業の対中国投資が増加している。

　これら一連の世界経済の変化は，社会主義国をも含めて地球全体が市場統合の方向で一体化し，各国の市場が同質化する傾向が強くなっている。グローバリゼーションはまさにこのように体制を統合し先進国，発展途上国相互の経済関係をより強める状況である。こうした変革は，国家間の経済競争を強めるが，多国籍企業においては，ますます国際社会に対する国際化戦略を組む必要があった。それはまた，多国籍企業の活動をコントロールする統一した基準の必要性をも生じさせた。しかしながら国連やOECDにおいて統一した統制規程を設けても強制力があるわけではないことから，その活動に多くの問題を生じさせている。

　グローバリゼーションとは，人，もの，情報，資本などの経営資源の国際移動はもちろんのこと，このように市場の国際的拡大，国家間の経済社会関係の緊密性の強化を意味するだけではなく，欧米企業の活動基準や経営方法が，多国籍企業と多国籍銀行が各国に進出することによって世界各国に流布し，それが企業経営において統一基準となっていることである。具体的には，世界共通の財務活動基準として用いられるROE，割引現在価値，EVAなどの業績基準をはじめとして，株価極大化，株主価値向上（企業価値増大），コーポレートガバナンスなどが主張されている。それらは主にアメリカとイギリスの企業経営における活動基準であるが，それがグローバリゼーション下で多国籍企業が各国へ進出することによって，各国で経営財務の活動基準として主張されるようになったのである。国際的な統一基準により多国籍企業の活動の業績を共通の尺度で評価する必要があるからである。機関投資家をはじめとして，株主，投資家の投資判断の基準も同様に共通化されるようになり，それらがグローバル・スタンダードとして一般化されている。

　経営財務論においては，株主価値重視，株価極大化が利益極大化に代わって

主張されているが，それは主としてアメリカとイギリスの企業経営においての活動目標であり，ドイツや日本，それにフランスや他のヨーロッパ諸国では異なった企業文化がある。売上高増大や市場占有率の増大，消費者の満足度増大などが日本企業の風土上の特徴である。しかしながら，投資の国際化の中で外国人投資家，法人株主，機関投資家などが台頭する株主構造では，当然の如く国際的な投資基準による評価が株価に影響するために，経営者の活動もアメリカやイギリスでの統一基準に沿ったものになっている。

4　国際経営財務論の形成段階—ロビンズとストバウ—

(1)　企業間の財務リンク

　国際経営財務論の環境は，1960年代からの国際経済の変化に大きく影響されている。世界経済では，先進国の貿易の増大，さらには1970年代からの大企業による海外直接投資の相互浸透，そして既に指摘したグローバリゼーションの進展が，その要因として指摘できる。

　また直接には指摘していないが，こうした経済の国際化は，同時に金融経済の国際化をも誘発した。多国籍企業と多国籍銀行の財務活動が，金融の国際化の中で著しく発展したこと，1960年代後半から拡大したユーロ市場が，多国籍企業と多国籍銀行の資本調達，デリバティブなどの新しい財務革新技法の開発と国際資本投資の領域を多様化させた。また1990年以降は，多国籍企業と多国籍銀行において，企業の国際経営戦略の一環として，クロスボーダーのM＆Aが盛んに行われて国際企業競争が展開されている。こうした一連の環境変化が，国際経営財務論形成と発展の要因である。

　本節では，国際経営財務論の発展を3つの段階に分けて考察している。第一は，1958年以来，西ヨーロッパが戦後の経済復興を遂げて，さらなる経済成長をめざして，EECの成立を果たしたが，そこへアメリカ大企業が大量に進出したことから，戦後の国際経営が始まった。そのEECに進出したアメリカ巨

第1章　国際経営財務論の発展と環境

大企業が多国籍企業と呼ばれるようになったことは既によく知られている。それが同時に，国際経営財務論の形成と関連していると考えることができる。その形成は，1960年から変動相場制が普及する1970年代中頃までの時期と考えてよいであろう。この時期は，アメリカの多国籍企業と多国籍銀行の海外活動が活発になる時期であり，いわば国際経営財務論の形成期といえるであろう。その時期の国際経営財務論の研究は，以下の通りである。

既に触れたゼーノフとツヴィックによる *International Financial Management,* prentice-hall, 1969（森薗英輔訳『国際財務管理―理論と事例研究―』ぺりかん社，1978年）や Weston J. Fred & Sorge, Bart W. らの *International Managerial Finance,* Irwin, 1972がある。また Weston J. Fred. & Sorge Bart W. は，1977年には *Introduction to International Financial Management,* McGraw-Hill を著している。

それ以外で有名なのは，Robbins Sidney M. & Stobaugh Robert B. の共著による *Money in the Multinational Enterprise : A study in Financial Policy,* Basic Books, Inc., 1973がある。

また Zenoff David B. の編集による *Corporate Finance in Multinational Companies*（edited），Euromoney Publications，1986があるが，これは，とくにアメリカを中心とした多国籍企業の財務管理機能の具体的な事例研究である。また Harvey A.Poniachek（edited）の編集による論文集 *International Corporate Finance* Unwin Hyman 1989がある。

そして Robbins Sidney M. & Stobaugh Robert B. の共著による *Money in the Multinational Enterprise : A study in Financial Policy,* Basic Books, Inc., 1973では，特に国際財務機能の発展形態が論じられている。

ここでは，Robbins & Stobaugh の共著 *Money in the Multinational Enterprise : A study in Financial Policy* の特徴を検討しておこう。

ロビンズとストバウは，アメリカ多国籍企業の経営者や政府，国際機関，銀行，会計法人など多くの専門家とのインタビューを行って，企業の国際財務活動に関する資料を収集し，それに基づいて国内企業の財務管理と比較しながら，

多国籍企業の財務管理を明らかにしている。彼らの研究はアメリカ企業に限定されたものになっている。

そして1966年当時のアメリカ製造業とその海外子会社との資金の流れを次のように説明している。アメリカ製造業がその海外子会社から受取った利益の中では，それの96％が配当金形態であった[10]。

図1-2　多国籍企業の親子会社間における財務的リンク

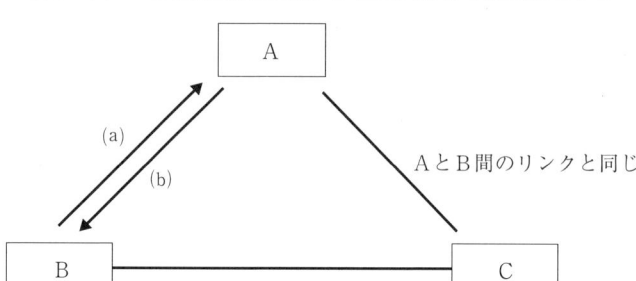

(a)は，子会社Bから親会社Aへの資金の流れ（Aの受け取り）であり，7つの財務リンクが含まれる。
①親会社への配当金，②製品購入代金支払い，③短期借入金利息支払い
④長期借入金利息支払い，⑤債務勘定の利息支払い
⑥サービス（マネジメント料など）の支払い
⑦ノウハウ（ロイヤリティ）支払い
(b)は，親会社Aから子会社Bへの資金の流れ（Aの支払い）であり，5つの財務リンクが含まれる
⑧短期貸付，⑨長期貸付，⑩製品販売の売上債権信用供与，
⑪マネジメント料受取の信用供与，
⑫ロイヤリティ受取の信用供与
子会社BとCの間の財務リンクは，AB間とほぼ同じであるが，子会社同士の財務的連結には株式所有が含まれていない場合には，①の財務リンクは存在しない。
出所：Sidney M.Robbins & Robert B. Stobaugh, *Money in the Multinational Enterprise*, Basic Books Inc., 1973. p.14.

図1-2は，親子会社間の資金の流れを示している。財務連結には12の財務リンク（資金の流れ）があり，親子会社間の資金の流れの基本パターンを示し

---

10)　Robbins & Stobaugh, Money in the Multinational Enterprise: A study in Financial Policy, Basic Books, Inc., 1973. p.3.

ている。Aは親会社，Bは海外子会社である。親会社は資金管理において，どの子会社が資金不足または資金余剰であるかを把握して効率的な管理を行う。ただ子会社相互間の資金の流れと親子会社間での資金の流れとは同じではない。子会社相互間では株式の所有がなければ配当金の流れはない。またマネジメント料やロイヤリティの流れもないことがあるからである。

　この財務的連結は，子会社の数が増えると，増幅しはじめる。次の図1－3がそれを示している。子会社が1社の場合には財務連結は1つで資金の流れは12リンクである。子会社が2社の場合は既述のように財務連結は3つに増え，その財務リンクは3倍に増加する。そして子会社が3社に増えると，その財務連結は6つに増加して，財務リンクは6倍に増幅する。多国籍企業は海外に多くの子会社を所有しているから，資金の流れは数えきれないほどになる。海外子会社数の増大は財務連結が円環状に増幅することになる。そのことから，その管理は国内企業とは比べものにはならないほど複雑になることが理解できる。

図1－3　会社相互間の財務リンクへの子会社数の影響

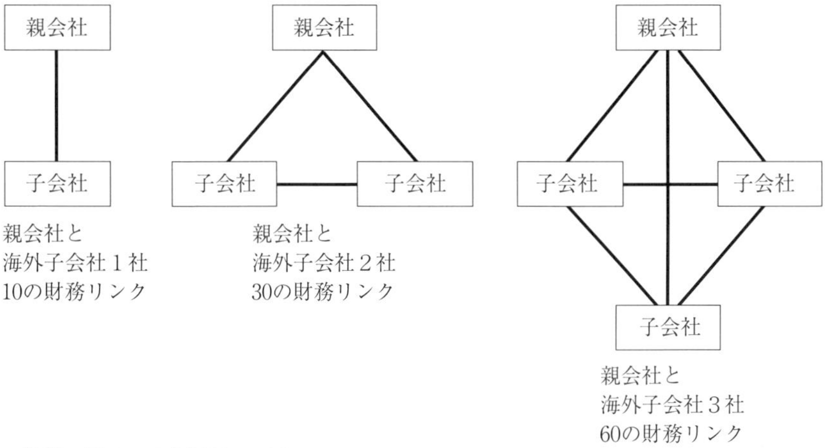

親会社と
海外子会社1社
10の財務リンク

親会社と
海外子会社2社
30の財務リンク

親会社と
海外子会社3社
60の財務リンク

出所：図1－2と同じ。p.16.

　海外子会社数が増大し，財務連結の増加，資金の流れの数が増えることはそれだけリスクも増加することになる。その流れが国境を越えることから，資本の移動管理が重要な財務活動となる。ロビンズとストバウは，過去においてア

メリカ多国籍企業が直面したリスクは，外貨の平価切下げ（ドル切上げ）であったという。そしてかれらは，通貨の転換（conversion）と換算（translation）を説明している[11]。転換は実際の取引が行われ資金決済の時に為替レートの変動により発生するリスクであるが，換算は，財務諸表上の記載金額の変更である。後者の方法は，貨幣・非貨幣項目区分法や流動・非流動項目区分法が用いられるのが一般的であった。その場合に現在レートと取得時のヒストリカル・レートで換算されるが，ロビンズとストバウはそれらを基本的な方法で説明している。

(2) 多国籍企業の財務機能の発展

ロビンズとストバウは，多国籍企業の規模拡大につれて，その財務機能が3段階で発展（小規模，中規模，大規模）することをその著書の第3章で説明し，国際財務活動を統制するためには企業全体をどのように組織するか，をまとめている。

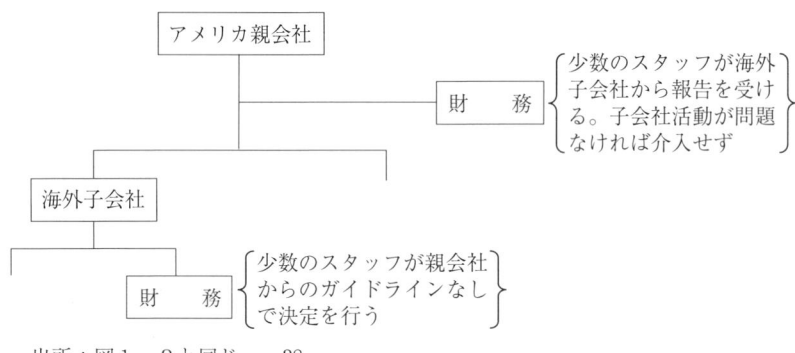

図1－4　最初の小規模の段階

```
アメリカ親会社
    ├────────── 財　務 ┤少数のスタッフが海外
    │                  │子会社から報告を受け
    │                  │る。子会社活動が問題
    │                  │なければ介入せず
    │
海外子会社
    └── 財　務 ┤少数のスタッフが親会社
               │からのガイドラインなし
               │で決定を行う
```

出所；図1－3と同じ。p. 38.

ロビンズとストバウによれば，この小規模多国籍企業の初期形態の段階（1969年）では，海外子会社を6カ国から12カ国に所有している企業である。

---

11) *Ibid.*, p. 22.

初期段階の多国籍企業は，海外活動の売上高が2,000万ドルから1億ドルであり，企業全体の売上高の10％から20％を占める小規模多国籍企業である[12]。本社の海外財務活動担当者も少人数であり，海外子会社の財務活動担当者も少ない。親子会社間の相互の連携もまだ見られない段階である。そして海外活動が活発になると財務組織も第2段階の形態へと発展する。

海外活動の増大，海外子会社数の増加は会社間の財務的連結を増加させるから，会社組織全体の強い統制が本社の財務活動において必要になる。

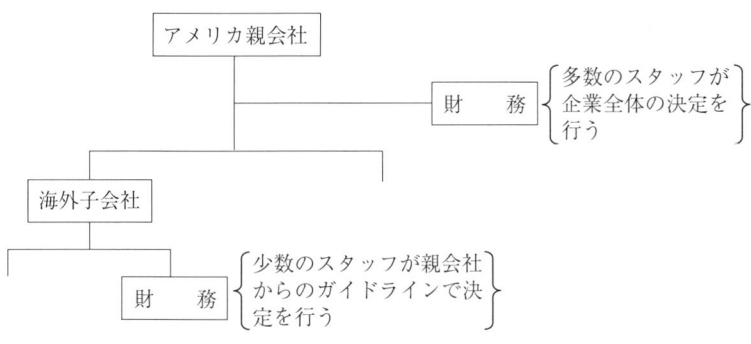

図1－5　第2段階の中規模多国籍企業の発展形態

```
        アメリカ親会社
         ┌────┴────┐
         │         │
         │       財　務 ─── 多数のスタッフが企業全体の決定を行う
         │
    海外子会社
         │
       財　務 ─── 少数のスタッフが親会社からのガイドラインで決定を行う
```

出所；図1－3と同じ。p.39.

この第2段階の局面では，多国籍企業の本社スタッフは，海外財務活動の最も重要な財務決定を行い，しばしば海外子会社に命令(注文)を出す。企業規模は総売上高1億ドルから5億ドルに達した企業である。海外子会社が10カ国から20カ国で製造活動をしている中規模な多国籍企業である。海外子会社の売上高が，企業全体の売上高の15％から30％に達した中規模多国籍企業である[13]。

そして第3段階へ拡大した多国籍企業は，海外売上高5億ドル以上の最大規模の多国籍企業である。海外活動と海外子会社数の増加は，本社に海外活動に関する財務決定の強い権限を維持する必要性を生ずる。海外子会社は，本社が作成したルールブックに従って権限が与えられる。海外子会社の経営者には，

---

12) *Ibid.*, p.38.
13) *Ibid.*, pp.40－41.

本社作成のルールブックにおけるガイドラインに従った決定権限が与えられている[14]。

第2段階から第3段階への発展における財務戦略の変化は，財務活動の複雑性の増大を伴っているために，通常の子会社とは別に地域財務本部の創出を必要とするようになる。その財務本部の経営者は，彼らの地域内の子会社間の財務リンクを利用することによって利益獲得の機会を開発しようと試みる。

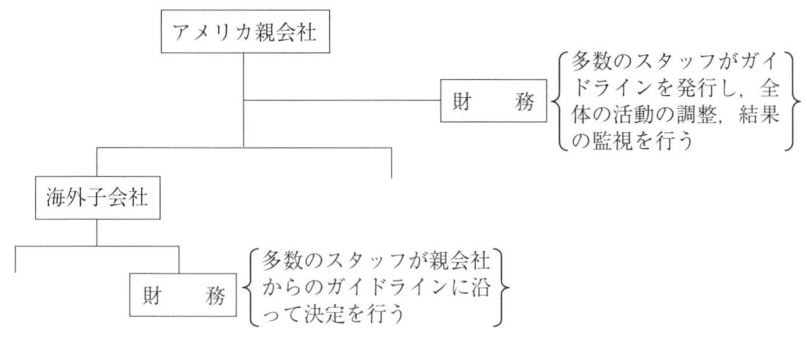

図1－6　第3段階の大規模多国籍企業の発展形態

```
アメリカ親会社 ─── 財　務 { 多数のスタッフがガイドラインを発行し，全体の活動の調整，結果の監視を行う }
    │
海外子会社
    │
    └── 財　務 { 多数のスタッフが親会社からのガイドラインに沿って決定を行う }
```

出所：図1－3と同じ。p. 42.

地域財務グループの真の効果は，既存の地域内の子会社間の取引にはより最適化を許容し決定ルールにはあまり依存しないことであるが,「しかし地域本部を持つ企業においては，異なった地域に設立された子会社間の取引はルールブックによってコントロールされる傾向がある」[15]。

ロビンズとストバウは，このように多国籍企業の規模と財務活動を実態調査に基づいて明らかにしており，国内財務活動との比較も明確に示した内容であり，基本的な財務活動を踏まえた分析として評価できるものである。

---

14)　*Ibid*, p. 43.
15)　*Ibid*, p. 43.

5　国際経営財務研究の第2段階

(1) 変動相場制と国際経営財務の研究

　国際経営財務論の第二の発展は，1970年代中頃から90年代初頭までであり，とくに1970年代初期に変動相場制がとられるようになった国際金融上の変革と多国籍企業の経営財務の変化を論じた理論である。それは以下のように多くある。

＊Eiteman David K.& Stonehill, Arhtur I. *Multinational Business Finance,* Third Edition, Addison-Wesley, 1982.

　このEiteman & Stonehillによる共著*Multinational Business Finance*は，後に共著者としてMoffett Michael H.が加わり，1995年より改訂されて内容が充実している。この第二の発展では，その多くが外国為替レート変動の財務戦略を扱っている。内容の特徴は，外国為替市場とその機能や為替エクスポージャー防衛の政策の背景として，国際通貨制度，国際収支の問題と為替変動を論じた著作が多くある。以下の文献が第二の発展を扱った財務論の代表作である。

＊BERGENDAHL GÖRAN, *International Financial Management"*Kluwer, 1982.

＊Sweeny,Allen & Rachlin, Robert (edited) *Handbook of International Financial Management,* McGrow-Hill, 1984.

＊J. B. Holland, *International Financial Management,* Basil Blackwell, 1986.

＊Buckley, Adorian *Multinational Finance,* Fourth edition, Prentice-Hall, 1986.

＊Abdullah, Fuad A. *Financial Management for the Multinational Firms,* Prentice-Hall, 1987.

＊Forks,Jr. William.R.& Aggarwal, Raj. *International Dimensions of Financial*

Management, PWS KENT, 1988.
＊Aliber, Robert Z. (edited), *Handbook of International Financial Management,* Dow Jones-Irwin, 1989.

とくに80年代に多く出版されたこれらの著作の特徴は，外国為替のリスク，為替エクスポージャーから企業利益と資産価値をどのように防衛するかが主要な課題となっている。海外直接投資の相互浸透とその未来利益の算定が，財務活動においては企業業績判定に重要となること，さらには，それは多国籍企業の資本循環活動に複数の通貨，異種通貨が含まれてくるから，それを企業本体の通貨（機能通貨＝functional currency）に換算し，統合，統一化することで企業業績がはじめて算定できるからである。したがって資産，費用，売上高，利益，企業価値など，企業のキャッシュフローの配分と管理が重要な財務活動になったからである。カブスギルたちCavusgil at all）によれば，機能通貨とは親会社が居住する経済社会における通貨を意味している[16]。

(2) アリバーの外国為替変動に対応する財務活動

アリバーは，資本予算，資金管理，資本構成，証券投資などの財務活動を説明するに当たって，外国為替の変動と国内，海外の金利が企業の利益に与える影響を論じている。アリバーの理論は，特に海外活動において選択すべき通貨の種類を問題とする。本節では，アリバーの以下の文献を参照して検討する。
＊Aliber,Robert Z. *"The Multinational Paradigm"* MIT Press. 1993.（岡本康雄訳『多国籍企業パラダイム』文眞堂）

とくに海外子会社を設立している現地の通貨建てで社債の発行をする場合の合理性は，外国為替のエクスポージャーを最小化することであり，そして故に外国通貨の減価によって起こる利益の減少を最小化することである[17]。アリ

---

16) Cavusgil, S.Tamer. & Knight, Gary., Riesenberger, John R. Framework for International Business Peason, 2013. p.114.
17) Aliber, Robert Z., The Multinational Paradigm, MIT Press. 1993. p.47.（岡本康雄訳『多国籍企業パラダイム』文眞堂，37ページ）

バーは，企業の海外活動の拡大に資本投入するための通貨の選択は，負債の通貨の種類である，と述べている。そしてその財務活動を以下の①〜③のように明らかにしている。

① **現金収支の管理**

日常的な財務管理の課題は，現金収支，運転資金の管理である。通貨が一種類であれば，現金収支管理の課題は，「貨幣ないし現金の最適保有水準をどう決定するか」ということである[18]。

複数種類で通貨を所有した場合の現金管理の問題は，各通貨の保有量を最適化することである。その場合に，最適保有量は，借入れコストと取引コストを最小化することである。しかしより重要なことは，為替レートの不確実性の下では，「それは1国通貨の範囲で現金収支を管理する場合の収益とコスト節約額よりも，ある期間内でその何倍にもなりうるような為替レートの変動による収益とコストの節約にどう対応するかという問題」なのである[19]。「現金管理の決定に対する模範的な問題は，為替レートの変動について予測を成功させて得る利益が，高い利子払いと予測の失敗によって起こるコストとを対応させた場合，価値があるかどうかということである」[20]。

とくに「現金管理と外国為替の変動」における課題は，外国通貨での債権・債務のバランスの問題であり，とりわけキャッシュフローの通貨別組み合わせと為替変動との関係である。為替レートの変動が「通貨ごとの受取額・資産額と支払額・債務額との関係」[21]に影響を与えるか否かの分析が，常に日常的な財務活動において重要である。

② **資本予算の決定**

資本予算の下で投資決定が遂行されるが，その投資の決定基準は，通常，財

---

18) Aliber, Robert Z. The Multinational Paradigm, MIT Press. 1993, p.74.（岡本康雄訳『多国籍企業パラダイム』文眞堂， 57ページ）
19) Ibid., p.75. 同訳書58ページ。
20) Ibid., p.76. 同訳書59ページ。
21) Ibid., p.82. 同訳書64ページ。

務理論においては企業の市場価値の増大すなわち株価極大化である。それは新規投資による将来の予想利益とその投資プロジェクトの割引率すなわち資本コストが関連要素である。資本コストは，現在価値を導く割引率，必要最低利益率（切捨率）であるが，ここでの問題は資本コストをどのように算定するかである。

アリバーは，資本予算の決定を具体化する作業として，この2つの要素について以下のように述べている。「第1に，新規投資の期待収益の推定は，測定する利潤の相当部分が物価水準の上昇を反映する故に，複雑なものになる。第2に，資本コストは，インフレ率の変化によって変わり，このため期待収益を割引するさいに用いる利子率が変わる」[22]。すなわち国際市場においては，将来の予想利益への影響は，各国のインフレーションの差異を予想利益の計算にどのように含めるかという問題であるが，それが2つの要素に同じ程度に影響するのであれば，それほど問題視することはないであろう。

多国籍企業にとっての問題は，複数通貨の世界では「海外子会社，さらには輸出のためのキャッシュフローの推定を含む」ことである[23]。外国の政治や経済変動の中での将来キャッシュフローの算定は，国内のそれよりも当然に高いリスクを含むことになる。また第二の要素として，「外国通貨でのキャッシュフローを割り引くために，どのような利子率を選択するかという問題」が含まれる[24]。海外での経済・社会環境を考慮すれば，当然に国内よりも割引率としての利子率は高いものになるであろう。割引率として，国内の利子率を用いるか，又は海外の利子率を用いるかという問題は，資本調達をどこで行ったか，どこの通貨で調達したか，と対応するであろう。

③ 資本構成と多国籍企業パラダイム

財務担当者の主要な関心は，「企業の資本コストを最小にするような，負債

---

22) *Ibid.*, p.86. 同訳書67ページ。
23) *Ibid.*, p.87. 同訳書68ページ。
24) *Ibid.*, p.87. 同訳書68ページ。
25) *Ibid.*, p.89. 同訳書70ページ。

と自己資本の比率に到達することである」[25]。将来の予想利益が一定と仮定すれば，負債利用は，節税効果を持つが，負債比率の上昇は，それだけ倒産リスクを増大させることになる，ということは財務の一般理論で示されていることである。多国籍企業においては，各子会社の資本構成をどのような比率にするかについては，国別差異を考えることが必要である。銀行と企業の関係が深い日本やドイツでは負債比率は高いが，アメリカでは50％が一般的であろう。海外子会社の資本構成は，「企業の税支払額全体を最小化すべく処理される」[26]ことが望ましいであろう。

アリバーは，結論として，「多国籍企業のマネジャーにとって鍵となる財務問題は，財務的決定を分権化し，外国為替の変動にさらされる程度と外国為替の変動に基づいて生まれる利得と損失を最小化するか，それとも外国為替上の損失を時々蒙るとしても，正味借入コストを最小化する方法として財務的決定を集権化するか，そのいずれかをとるかということである」と指摘する[27]。

アリバーの財務論は，為替変動との関係で資本調達問題に傾斜した内容になっているところが特徴である。第1段階のロビンズとストバウにみられる財務機能と企業内資本管理についてはあまり触れられていない。

6　グローバリゼーションと国際経営財務研究の第3段階

(1) 金融資本主義と国際経営財務研究

国際経営財務論の第三の発展は，1990年から現在までのグローバリゼーションと金融資本主義の変動の中での多国籍企業の財務行動を課題としたものである。それは次のような著作が主なものである。Michael Connolly の *International Business Finance* は，全体が外国為替のヘッジや機能，構造を論じたも

---

26)　*Ibid.*, p.90. 同訳書70ページ。
27)　*Ibid.*, p.91. 同訳書71ページ。

のになっている。

以下の文献はこの時期の代表作である。

Eiteman David K. と Stonehill,, Arhtur I. & Moffett, Michael H. による共著 *Multinational Business Finance,* 12th Edition, Prentice-Hall, 2010は，長年版を重ねて内容を充実させてきた著作であり有名である。

* Michel, Ephraim. Clark, Levasseur and Ratrick Rousseau, *International Finance,* Chapman & Hall, 1993.
* Eng, Maximo V. & Lees, Francis A. & Mauer, Laurence J. *Global Finance,* Harper Collins, 1995.
* McRae, Thomas W. *International Business Finance,* Wiley, 1996.
* Ross, Derek. *International Treasury Management,* Third edition, Euromoney Publications 1996.
* O'brien, Thomas J., *Global Financial Management,* John wiley & Sons, 1996.
* Eaker, Mark R. & Fabozzi, Frank J. & Grant, Dwight, *International Corporate Finance,* The Dryden Press 1996.
* Click, Reid W. & Coval, Joshua D. *The Theory and Practice of International Financial Management,* Prentice Hall 2002.
* Madura, Jeff, *International Financial Management,* 7th Edition, 2003.
* Crum, Roy L.&Eugene & Houston, Joel F, *Fundamentals of International Finance,* Thomson, 2005.
* Butler, Kirt C., *Multinational Finance,* Fourth edition, John Wiley & Sons, 2008.
* Eiteman, David K. & Stonehill, Arhtur I , Moffett, Michael H. *Multinational Business Finance,* 12th Edition, Prentice-Hall, 2010.
* Kim , Suk & Kim, Seung H. *Global Corporate Finance,* Six edition Blackwell, 2006.
* Moffett, Michael, Stonehill, Arthur & Eiteman, David, *Fundamentals of*

第1章　国際経営財務論の発展と環境

Multinational Finance, (edition Ⅳ), Prentice-Hall, 2012.
* Connolly, Michael , *International Business Finance*, Routledge, 2007.
* Shapiro, Alan C. *Multinational Financial Management,* (Ninth Edition), John wiley & Sons, 2010.
* Madura, Jeff & Fox, Poland *International Financial Management,* Thomson, 2007.
* Kim, Kenneth A., *Global Corporate Finance : A Focused Approach,* World Scientific, 2011.
* Robin, J. Ashok, *International Corporate Finance,* McGraw-Hill, 2011.
* Cheol S. Eun, Resnick, Bruce G, *International Financial Management,* Fourth Edition, 2007.
* Eun, Cheol S.& Resnick, Bruce G. & Sabherwal, Sanjiv., *International Finance,* Sixth Edition, McGrow-Hill, 2012.
* Bekart, Greert, Hodrick, Robert *International Financial Management,* Second Edition, Pearson, 2012.

　ここに掲載したものは，国際経営財務の全体を体系的に論じた文献である。もちろん海外直接投資を中心としたものや外国為替のリスクヘッジを中心としたもの，国際トランスファー・プライシングに特化したものなど，多くの文献が2000年以降に出版されている。とくに1990年以降のグローバリゼーションに対応した国際経営財務論では，国際金融・資本市場での投資方法や国際市場における企業の業績評価を論じているところが特徴といえよう。

　国際経営財務論の発展過程をみると，それは，金融が肥大化した金融・資本市場を反映したものが多くみられる。それは機関投資家中心の金融資産投資と金融商品，財務技術の発展を伴う金融資本主義の時代を反映したものである。しかしそれは他方では，短期的な金融利益取得の金融資産への投資行動が，企業の持続的な成長指向を疎外するという問題を秘めていたことも事実である。金融資本主義とは，アメリカの住宅ローンやその他債権の証券化（securitization）の財務行動，スワップ取引や先物取引，オプション取引といった金融派生商品

33

の普及とその利用が，金融市場の肥大化を生じさせた現代社会を意味している。そしてそれが現実の価値生産や企業活動を先導したことが，金融危機を世界の証券市場に伝播させて，住宅バブルの崩壊と金融商品の価格下落を発生させて，国際金融・資本市場を震撼させたこと，システミック・リスクを生じさせたことは周知のことである。

(2) グローバリゼーション下の国際財務活動
－カブスギル，ナイト，リーゼンバーガー－

ここでは，グローバリゼーションの下での多国籍企業の財務活動についてカブスギル，ナイト，リーゼンバーガー（S.Tamer Cavusgil, Gary Knight, John R. Riesenberger）の著書 *"Framework for International Business"* Peason, 2013.を中心に検討しよう。

かれら（Cavusgil et al, 2013）は，その財務活動を次の5つに分けている。①国際化のための資本調達，②キャッシュフロー管理，③資本予算の改善，④通貨リスク管理，⑤会計と税の実践管理，の5領域である[28]。

① 国際化のための資本調達

企業は短期と長期の資本調達を行うが，多国籍企業は，グローバルな通貨市場で資本調達を行う。その市場は世界の主要な金融センター，たとえばニューヨーク，東京，ロンドンの3大中心地に集中している。そのほかでは「セカンダリーセンターとしては，フランクフルト，香港，パリ，サンフランシスコ，シンガポール，シドニー，そしてチューリッヒ」である[29]。資本調達の源泉は，自己資本調達，負債金融，企業内（間）金融（intra-corporate financing）があるが，多国籍企業での特徴は負債金融と企業内金融に表れてくる。

負債金融はリスクのある調達方法であるが，それは利息支払いで課税控除の節税効果がある。また「ドイツや日本，イタリア，その他多くの発展途上国で

---

28) Cavusgil, S.Tamer, Knight, Gary & Riesenberger, John R. Framework for International Business Peason, 2013, p.110.
29) *Ibid.*, p.111.

は，負債比率は平均して50％超である」30)。しかし各国の企業環境の違いにより資本構成は異なる。日本やドイツでは企業と銀行間関係が密接であり，継続的関係があるために，必ずしも負債利用を危険なものとは考えてはいないであろう。

　さらに多国籍企業にとって負債金融の特徴は，国際金融市場の利用についてである。特にユーロカレンシー市場の利用は現地の国内企業よりも優位性がある。アメリカ国外にあるアメリカの銀行（アメリカの銀行の海外支店を含む）に預金されたドルがユーロダラーであるが，その利用はアメリカ多国籍企業にとっては外国為替リスクが存在しないために，その利用は優位な方法といえる。ユーロダラーとは，たとえば「ロンドンのバークレイズ銀行又は東京にあるシティバンクに預金した米ドル建ての銀行預金」のことである31)。

　つまり海外に流出した自国の通貨で海外居住の銀行に預金された通貨は，ユーロカレンシーと呼ばれている。この市場は，アメリカ多国籍企業と多国籍銀行が発展する1960年代後半からロンドン居住の銀行にドル預金量が増加し，急速に拡大を始めた。その発展の理由の１つは，ユーロ市場には各国の政府規制が及ばないことからである。たとえば準備金要求や金利規制がない自由化された貨幣市場であるために，従来から多国籍企業と多国籍銀行の活動領域となっていた。またユーロ通貨を調達するための債券は，ユーロボンド（euro bond）と呼ばれ，外債（foreign bond）とは区別されている。外債の本来の意味は，たとえば海外の発行体が，日本国内で日本円を調達するために日本で発行する債券のことである。したがって外債は，日本企業が海外でユーロ円調達のために発行する債券（ユーロ円調達のためのユーロボンド＝ユーロ円債）とは異なっている。

　このユーロ市場での基準金利は，ロンドン銀行間貸し手金利（Libor＝London Interbank Offered Rate）が変動金利として用いられている。最近ではヨーロッ

---

30)　*Ibid.*, p. 111.
31)　*Ibid.*, p. 111.

パ圏での金利としてEuriborも使われている。ライボー（Libor）をめぐって2012年にバークレイズ銀行が虚偽の金利申告を行ったことで，国際金融市場ではライボー・スキャンダル（Libor scandal）が起こり，この自由化された金利制度をめぐって議論となっている。ライボーは，もともとは既に指摘したように多国籍企業と多国籍銀行がユーロ通貨を利用するときに，お互いに融通するときの金利として考え出されたことが発端であり，それが今日ではスワップ取引の変動金利として広く利用されるようになった。今日ではそれが各種のローンを始めデリバティブ取引，スワップ取引など多くの金融資産取引の基準金利にまで普及するようになっている。このライボー・スキャンダルについては，後の章で改めて検討する。

さらに多国籍企業の資本調達の特徴として，企業内金融がある。これも既に触れたところであるが，海外子会社間，関係会社も含めて彼らのネットワークの中で資金を融通し合う。たとえば資本の豊富な子会社が資金の少ない子会社へ融資する会社間資本調達は，同一企業体内での資本源泉からの貸付，借入れであることから，外部資金借入れとは異なるために，それだけ競争上，有利である。「企業はたびたび課税上の便益，銀行との取引コスト最小化の機会，所有権の希薄化を回避する理由から子会社間ローンを行い，そして子会社間ローンは，資金が単に一方から他方の領域へと移動するので親会社の貸借対照表にはわずかにしか影響しない」という理由からである[32]。

② キャッシュフロー管理

キャッシュフローの管理は，流動項目の管理，すなわち短期資金，日常的な資金としての運転資本管理の意味である。国際的な資金移動では「およそ世界貿易の3分の1は企業間の売買から構成されている」[33]。多国籍企業の財務担当者は，その国際的な資金ネットワークを利用して，取引コストと税負担の最小化，利益最大化のために資金移動の効率化をはかるが，その資金移動の方法は，貿易信用（trade credit），配当送金，ロイヤリティ支払い，フロンティン

---

32) *Ibid.*, p. 112.
33) *Ibid.*, p. 112.

グ・ローン（fronting loan），内部振替価格（transfer pricing）そしてマルチラテラル・ネッティング（multilateral netting）を使用する[34]。

　貿易信用では，親子会社間の取引で商品とサービスの支払いを遅らせることができる。「アメリカでは慣例は30日，ヨーロッパでは90日である」[35]。

　配当送金は海外利益の本社送金の一般的な方法であるが，しかし課税政策や通貨リスクの影響がある。「受入国政府は，多国籍企業の送金額を制限したり，配当送金には高課税を課している[36]。またロイヤリティ支払いは，「知的財産所有者に支払われる報酬であるが，子会社が他社から技術，トレードマーク，またはその他の資産の使用を認められたならば，ロイヤリティは資金移動の効率的な方法であり，多くの国では税控除となる」[37]。

　フロンティング・ローンは，親会社が，外国の銀行に巨額な資金を預金し，それを海外子会社に貸し付ける方法である。これは，「外国政府が，直接に会社間貸付に課す規制を親会社が迂回させることができる」[38]方法である。多国籍企業が，海外へ移転できる資金に対する規制を回避するために，この方法が用いられる。

　内部振替価格の設定は通常の国内企業でも行われるが，多国籍企業では課税負担の縮小と利益移転のために利用される。会社間取引においてお互いに内部価格を設定する。たとえば，低税率国に居住する企業が，高税率国の企業から低価格で購入し，低税率国へ利益を留保させる方法である。その場合に内部振替価格が利用される。そのことによって，企業体全体として課税額を縮小し内部キャッシュフローを最適化する。

　マルチラテラル・ネッティングは，同一企業体の企業間取引において，お互いの債権と債務を相殺して，必要資金を縮小，節約することを通じて，資金の

---

34)　*Ibid.*, p. 112.
35)　*Ibid.*, p. 113.
36)　*Ibid.*, p. 113.
37)　*Ibid.*, p. 113.
38)　*Ibid.*, p. 113.

取引コストや為替手数料を縮小し，そのことにより為替リスクの回避を行う方法である。海外子会社を多く持っている多国籍企業では，通常はネッティングセンターを設置し，「地域，またはグローバル・セントラライズド・デポジトリーに資金をプールし，それを資金不足の子会社へ移動したり，利益を生む投資に」利用する[39]。

③ 資本予算

企業は資本投資計画を組む中で，一般的には正味現在価値法（NPV）を採用する。しかし国際資本予算ではキャッシュフローが外貨であり，カントリー・リスクや税制の違い，外国政府の資本移動の規制などを考慮しなければならないために国内企業のNPV分析より複雑となる。また未来利益の予測や割引率には，不確定要素が含まれることを考慮しなければならない。カブスギルたちは，そのような国際的な変動要因に対応するためには，2つのアプローチがあるという。第一は，「経営者が子会社の現地通貨で増殖する税引き後営業キャッシュフローを予測し，それゆえにそのリスク特性に合ったプロジェクトの資本コストまたは要求利益率でそのキャッシュフローを割り引くであろう」ということである[40]。

第二のアプローチは，「親会社の観点」からの方法であり，「親会社の機能通貨におけるプロジェクトからの将来キャッシュフローを予測する」[41]。機能資本は，すなわち親会社が活動しているところの経済環境においての通貨である。経営者は，プロジェクト・キャッシュフローの現在価値から投資額を控除して，親会社の機能通貨でNPVを計算するのである。

④ 通貨リスク管理

通貨価値の変動は3つのエクスポージャーを生ずる。「取引上のエクスポージャー（transaction exposure），換算エクスポージャー（translation exposure），

---

39) *Ibid.*, p. 113.
40) *Ibid.*, p. 114.
41) *Ibid.*, p. 114.
42) *Ibid.*, p. 114.

経済的エクスポージャー（economic exposure）である」[42]。取引上のエクスポージャーは，外貨建ての流動項目の債権・債務において生ずる通貨リスクであり，その差損益は直接に企業価値に影響する。換算エクスポージャーは，海外子会社の外貨建て財務諸表を親会社の本国通貨へ換算するときに生ずる。経済的エクスポージャーは将来の企業活動への影響であり，製品や投入物の価格設定および海外直接投資の価値に影響する[43]。

「2010年には外国為替において毎日の世界全体の取引金額は，3兆2,000億ドルであり，それは，商品やサービスの世界全体の毎日の貿易額の100倍以上であった」[44]。為替リスクをヘッジする方法は，通常は先渡し取引（forward contract），先物契約（future contract），通貨オプション（currency option），通貨や金利のスワップ取引（swap transaction）の4種類である。カブスギルたちは，通貨リスクを最小化するためのそれらの方法について，次の9つを指摘している。

(a)銀行や専門的なコンサルタントからプログラムや戦略を確立する場合のアドバイスを受ける。(b)多国籍企業内部に通貨管理を集権化する。(c)企業が耐えられるリスクレベルを決定する。(d)為替の動きや通貨リスク測定のシステムを開発する。(e)主要通貨の変化を監視する。(f)不安定な通貨や政府の為替管理・規制を見守る。(g)長期の規則的，経済的な傾向を監視する。(h)3つのエクスポージャーの区別を明らかにしておく。(i)為替相場の変動に対応して国際経営活動に柔軟性を持たせておく，などである[45]。

⑤　会計と税の実践管理

会計制度や税制度は国ごとに異なる。それだけに多国籍企業においては，公平性，透明性を原則にして，それらが作成されねばならない。会計では財務諸表作成において本国の機能通貨（functional currency）へ外貨を換算する場合に，現在レート法とテンポラル法（temporal method）がある。現在レート法は現在

---

43)　*Ibid.*, p.114.
44)　*Ibid.*, p.115.
45)　*Ibid.*, p.117.

の為替レート（直物為替レート）での換算である。テンポラル法は，資産や負債が取得原価か，あるいは市場コストかどちらで記載されているかにより，取得時の為替レートか，または現在レートで換算する。流動項目の中でも貨幣項目は，現在レートで，非貨幣項目は取得時の為替レートでの換算となる。

　また各国ごとに税制が異なるために，税率の違いは国際経営活動に与える影響が大きい。多くの国では，経済成長や企業成長のために税率を低くする傾向がある。それは，より多くの資本投資を誘致する目的からである。歴史的には，「国際的な税ルールの不統一は，多くの多国籍企業が，二重課税，利益縮小そして海外直接投資の減退に直面することを意味している。この問題の解決は，多くの国が，企業がふさわしい税額を支払うことを保障する彼らの取引パートナーと税処理を協定する。A国とB国との間での税処理は，もしも企業がA国で所得税を払うならばB国（又は逆）では，もしも税額が同額であればB国での支払いは必要ない」ことを意味する[46]。

　そして多国籍企業は，「バハマ諸島，ルクセンブルグ，そしてシンガポールのような税回避国（tax havens）の国々の優位性を利用する。それらの国はビジネスや対内投資には低い税金で優遇する」からである[47]。さらには税負担の縮小の方法としてトランスファー・プライシング戦略もよく利用している。

　以上が，カブスギル，ナイト，リーゼンバーガーの国際的な財務活動の枠組みである。なお，多国籍企業のタックスヘイブンを利用した利益管理と課税回避および節税の仕組みは第3章で改めて検討している。

7　結　　び

　企業の財務活動の目的は利益の極大化を基本とするが，その時々の企業環境の違いによりその具体的形態は変化する。日本の企業は，高度経済成長以来，その活動が貿易，輸出と結びついて，海外市場の拡大，海外マーケットシェア

---

46) *Ibid.*, p. 119.
47) *Ibid.*, p. 119.

の取得を目的としていたので，売上高増大の財務目標を具体的にとってきた。

　すでに指摘したように1970年代初期の国際金融変革の時期からは，変動相場制による複数通貨の財務活動が要求されるとともに，外国為替市場が新たな経営環境として，また経営財務の領域として考慮しなければならなくなった。1980年以降からの国際化は，より一層，世界各国の経済関係が密接になったことから，各国の市場が統合化，同質化の傾向を持つ中で，先進国の企業活動基準が各国に流布してくる。イギリスやアメリカの企業における活動基準としての株価極大化，株主価値重視の経営が，多国籍企業の各国への進出とともにグローバル・スタンダードとして各国に導入されていった。さらに今日のグローバリゼーションの進展は，財務活動の目標が株主価値から企業価値をどのように向上させるか，へと変化させている。企業の社会的役割が増大し，企業価値が株主価値から企業の社会的価値を含んだものへと変容させたものと考えられよう。

　グローバリゼーションは，一方では商品生産が自由に国境を越えて行われ，人間や物的資産の国家間での移動が活発に行われることである。また他方では資本が自由にクロスボーダーに移動しM＆Aや証券の投資が活発化したことである。その両者が同時に国際化を促進させたことがグローバリゼーションの現象，事実である。しかしながらグローバリゼーションは様々な問題を含んでいる。たとえば，デリバティブ市場の先物の価格が現物商品の市場価格を先導し，未来の予想価格，想定価格が少なくとも現物価格に影響を与えるという状況は，価格決定の需給関係を歪めているといえる。

　またすでに指摘したことであるが，企業評価の国際的統一基準がグローバリゼーションの中で流布され，株主価値重視経営，企業価値重視の経営が国際市場での活動基準として措定されている。企業経営の効率性重視の側面では，上記の基準が企業の格付けやランキングにおいて指摘されるが，それも国の環境により異なる。しかしながら，財務活動の基準は数字，数値で表示されるために経営活動を数字で評価せざるを得ない。株主価値重視，株価極大化，企業価値などの基準は，いずれも資本の価値としての数字的表現である。今日ではア

メリカ的なスタンダードがその典型であり，世界的にそれが企業業績の基準として採用されている。今まで触れた国際経営財務論の文献は，その全てが，企業活動，財務活動の目的は株主価値の極大化（株価極大化）であり，企業価値も同じ内容と理解されている。アメリカ，イギリスの経営財務論では，その目的は株価極大化，すなわち株主価値の増大であると主張されている。そこに現代の金融資本主義の持つ構造上の問題があるといっても言いすぎではないであろう。

　ここでは触れることができないが，財務活動の目的として，資本の価値だけではなく，企業経営の重要な要素としての労働の価値が捉えられていないのが不十分である。企業価値とは，資本の価値と労働の価値とにより構成されていると考えているが，財務理論では，企業価値を資本の価値と理解しているところに根本的な問題が潜んでいると思う。国際経営活動では，いかに多くの人材を海外で雇用して企業価値増大に結びつけるかが重要なことである。企業価値は労働の価値なくして資本の価値の増大だけでは増加しないことを認識しておかねばならない。

第2章　経営国際化の財務論理

1　はじめに

　本章は，経営国際化の発展プロセス，特に海外直接投資の要因を，財務の視点から検討することを目的としている。具体的には国際経営財務の立場から，多国籍企業の海外進出の理由，国際生産の発展に関して，海外直接投資の要因に焦点を当てて分析を試みている。これらについては，いままで多くの研究があるが，ここではその基本的理論を取り上げてその財務要因を検討している。

　多国籍企業および国際経営の理論は，今までは生産，労働，技術，組織などの側面からの研究が多くみられるが，財務の側面が議論されることは少なかった。資本が単に有形，無形資産の国際化の媒体としてとらえられており，資本が現実資本として経営活動の主要な基本要素であることの認識，国際生産が資本の国際化の具体的形態であることの認識があまり見られないことがその原因と考えられるのである。そこでは海外直接投資の財務的な理由が議論されることがほとんどなかった。

　本章では，国際経営の理論研究として，アリバーによる「外国為替の変動と資本化率」，バーノンの「プロダクト・サイクル仮説」，バックレイとカソンおよびラグマンの「市場の内部化理論」，そしてダニングによる「折衷理論─OIL─パラダイム─」を取り上げて，とくに海外直接投資の要因分析を中心に論じている。そこにはきわめて財務的理由があることを明らかにしている。筆者はとくに，アリバーによる資本化率と海外直接投資の関係は興味深い研究と考えている。国際ビジネスの研究では，国際市場において生産，労働，技術，

社会的・文化的環境などの差異が論じられることが多いのであるが，アリバーの外国為替相場の変動や資本化率は経営国際化の特有の理由として，とくに財務的要因としてとらえられるべきものと考えている。それらを検討しながら，海外直接投資の財務的要因，その論理を示そうとするものである。

2　国際経営財務と国内経営財務の違い

　国内企業の経営財務論では，財務活動の基本は資本調達，その管理運用そして資本投資と回収，利益配分などである。そして国際経営財務論は，その活動領域が海外に拡大された形態であると考えてよい。しかしそれは単に領域が拡大しただけではなく，新しい領域が加わったことである。その新しい領域が多国籍企業独特の財務論になり，また多国籍企業の財務的優位性でもある。

　たとえば，資本調達方法は国内における金融・資本市場での方法に加えて，外国の金融・資本市場での調達が加わる。外国では本国と規制が異なるので，本国の規制を逃れて海外調達という選択肢が広がる。また複数の通貨を選択することができる。さらにはいずれの政府規制も及ばないユーロ市場（ユーロ通

図2-1　国際経営財務の環境リスク

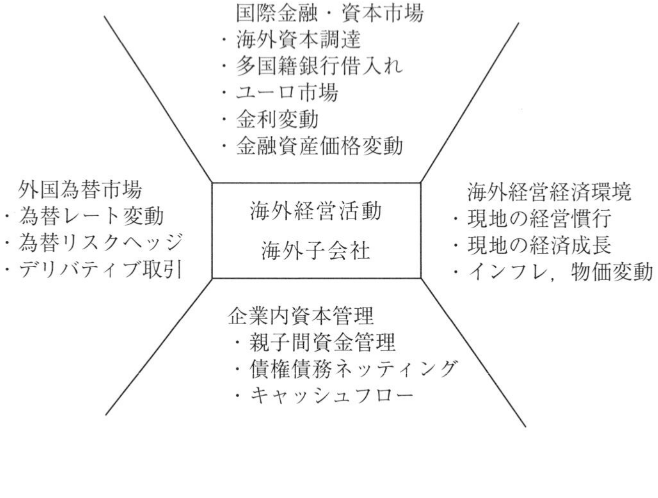

国際金融・資本市場
・海外資本調達
・多国籍銀行借入れ
・ユーロ市場
・金利変動
・金融資産価格変動

外国為替市場
・為替レート変動
・為替リスクヘッジ
・デリバティブ取引

海外経営活動
海外子会社

海外経営経済環境
・現地の経営慣行
・現地の経済成長
・インフレ，物価変動

企業内資本管理
・親子間資金管理
・債権債務ネッティング
・キャッシュフロー

貨・資本市場）での資本調達と投資は多国籍企業にとって最も有利な財務方法である。多国籍企業の資本調達は調達源泉がそれだけ国際領域まで拡大されて多様化していることである。したがってそれだけ調達コストの比較が可能になるからである。図2－1は，国際経営活動の財務環境を示したものである。

　国際経営活動は，本国（home country）とは環境が異なる海外子会社にとっては，海外での変化が追加的リスクとなる。海外活動で被る財務上のリスクは種々あるが金融・資本市場のリスク，ビジネス環境上のリスク，それに通貨リスクである。国際市場では，それらの多様化したリスクに対応しなければならない。

(1)　国際金融・資本市場の領域

　企業の国際活動のための資本調達は，グローバルな金融・資本市場すなわち世界の金融センターでの資本調達である。ニューヨーク，ロンドン，そして東京が3大市場である。それ以外にはフランクフルト，香港，パリ，シンガポールなどである。各国の金融市場と株式上場や証券発行など外国の証券市場の利用が可能である。もちろん本社からの借入れではなく現地法人として資本調達する場合には，受入国の基準に従わなければならない。たとえばニューヨーク証券取引所に上場するときには，会社組織形態はアメリカの委員会設置会社形態を必要とするであろう。

　金融・資本市場のリスクは，受入国の金融・資本市場の変化に加えて，国際金融・資本市場，ユーロ市場の規制や金利の変動に基づいて生ずる。金融・資本市場は企業にとっては資本調達と資本運用・投資の領域であるから，財務活動にとっては最も重要な活動領域である。2013年に，ユーロ市場の基準金利ライボー（Libor=London Inter-bank Offered Rates, ロンドン銀行間貸し手金利）に関して，バークレイズ銀行が数年間にわたり不正な金利申請をしていたことが発覚して，それが国際金融市場において大きな問題になった。Financial Timesによると，不正な金利申請は2006年頃から行われていたという。Liborは，1960年代以来，ユーロ市場での全ての金融資産取引の基準金利として用いられ

ており，また自由な変動金利であることから，中央政府からの規制がないという特徴がある。従来から多国籍企業と多国籍銀行がそれを多く利用していた。自行に有利になるような不正な金利の申請はバークレイズ銀行だけでなくシティの他の銀行も同様であったという。イギリスとアメリカの金融当局は，2012年7月には彼らに罰金を科したことが報道された。海外での金融変動が国際的に伝播して金融リスク（システミック・リスク）が増幅されることは認識しておかねばならない。

(2) 海外経営経済環境

海外経営経済環境上のリスクは，外国貿易や外国企業との商取引から生ずる。貿易における慣習や制度の違い，現地国の文化や国民性の違い，信用取引（商業信用＝売掛け，買掛けの慣習上の違い）に伴うリスクである。海外での企業間競争の状況も多国籍企業の経営・財務戦略において考慮すべき要因である。価格政策，コスト削減の政策か，本国と比較して，所得水準はどうか，などを考える。優位性が発揮できるか否かなどを検討することが重要となる。

日本の場合にはとくに商業信用取引が多く利用されている。また銀行との関係が密接であるために手形割引，つなぎ融資など間接金融が盛んであるが，海外子会社では状況が異なるであろう。現地の経済状況が，インフレ，物価高などの場合にはその財務活動として資金の早期回収，運転資金の適正額に余裕を持たせるなど，運転資本管理が重視されることになる。

(3) 外国為替市場

1973年からの国際経営財務論では，変動相場制へ移行した外国為替市場においては，外国為替リスクのヘッジが最も重視されている。外貨建て取引の場合には現在の日本のように，米ドル下落，アメリカ経済の停滞，西ヨーロッパ諸国の財政危機の影響を受けた円高の進行によって，海外資産を多く持つ輸出中心の日本企業では，為替差損が財務活動を直撃している。2000年以降のアメリカとヨーロッパ経済の停滞は，日本企業の輸出低下，海外活動の低迷をもたら

し，さらに円高が為替差損を発生させている。取引上のエクスポージャー（exposure）と換算エクスポージャーの発生が，企業利益を損なって経済的エクスポージャーを発生させている。

多国籍企業と多国籍銀行は，国際金融・資本市場，とくにユーロ市場において，デリバティブ取引（derivatives）を考案した。スワップ取引（swap transaction），先渡し取引（forward contact），先物取引（future contract），オプション取引（option）などの金融派生商品の取引を活発化させている。これらの取引は近年には巨大な市場規模になっており，デリバティブ市場の金融資産価格の変動が，株式や債券類の原資産の価格変化を先導する状況が生み出されている。このような金融の肥大化と重層化の状況は，バブルを生み出す危険性があることを認識しておかねばならないであろう。

(4) 企業内資本管理

多国籍企業では，親会社と子会社，子会社相互間，子会社と関連会社間など，同一企業体の組織体間（Intra-corporate）で頻繁に取引と資金移動が起こるが，いかにそれをコントロールするかが，多国籍企業の資本管理の課題である。

親会社と子会社，また子会社相互間では，頻繁に取引が行われるが，そのとき資金の豊富な子会社から資金不足の子会社へ資金が融通される。それは同一企業体内での貸付け・借入れであるから，外部市場での銀行借り入れよりも低コストで資本調達が可能となる。法人税率の高い国の子会社から低法人税率の子会社へトランスファー・プライシング（Transfer pricing）といわれる内部振替価格設定により資金の移動が行われる。内部振替価格は近年の国際取引においては「移転価格」ともいわれるようになった。

また外国為替レートの変化にあわせて，支払いを遅らせたり早めたりするリーズ・アンド・ラグズが行われる。本国通貨の切上げ予想があれば，代金受取りの時期を早め，支払いを遅くする。これは同一企業体間で行うときには一方の利益が他方の損失となるから，法人税率の差異があれば利益移転による効果が生ずる。

47

債権債務のネッティング（netting）は，企業間相互で債権と債務を相殺することにより必要資金の節約を行う方法である。多国籍企業は海外に多くの子会社を所有している。毎日，相互に取引（貿易と投資）が行われているために，債権と債務は日常的に発生している。

　たとえば親会社が海外子会社に対して500ドルの債権を持ち，その海外子会社は親会社に300ドルの債権を持っている場合には，親会社は債権500ドルと債務300ドルであり，他方，海外子会社は債権300ドルと債務500ドルが発生していることになる。企業体全体では800ドルの資金の移動が起こっているが，相互に債権と債務を相殺して資金の節約を行う。この場合には，ネッティングにより海外子会社から親会社へ200ドルの支払いが行われるだけで処理される。

　結果として必要資金800ドルが200ドルに圧縮されることにより，為替リスクの縮小，資金の移動コストの削減，換算コストの削減が行われる。2社間だけではなく，企業体全体でこれを行うマルチラテラル・ネッティングが実施されて，企業全体として必要資金の節約とそれの効率的運用・管理が達成されている。

3　アリバーの直接海外投資と外国為替，資本化率

　海外直接投資により獲得される利益は，その通貨の種類によって変動する。外国為替レートがその要因である。また将来の利益を現在価値へ資本還元する場合には，資本化率が利益変動のリスク要因となる。

　本節では，アリバーの以下の文献を参照して，この財務問題を検討する。
Aliber, Robert Z. *"The Multinational Paradigm"* MIT Press. 1993.（岡本康雄訳『多国籍企業パラダイム』文眞堂）

(1)　外国為替の変動と負債の表示通貨の決定

　企業の経営者は，「為替レートの変化から外国為替損失に対する企業エクスポージャーを最小化するために，企業の負債（社債）の通貨の種類を調整する。

これは負債の通貨種類の決定に対する分権的アプローチ（decentralization approach）」である[1]。

アリバーは，負債の表示通貨の決定，現金収支の管理，資本予算の決定，資本構成といった財務活動を論ずるにあたって，国際活動においては，どの種類の通貨建てにすべきかの決定を説明する。それは外国為替レートの変動と国内，海外の金利が企業利益に影響を与えているからである。アリバーの理論は，一貫して海外経営活動を行う企業にとっては，とくに選択すべき通貨の種類の決定が重要であることを強調する。

たとえば，海外子会社を設立したり，外国企業を買収する場合に，現地国通貨を利用するか，または他国通貨か，あるいは本社所在国の通貨にすべきか，いずれの種類の通貨で社債や株式を発行して，負債と自己資本（equity）の通貨の種類とその資本構成をどのような割合にすべきかを問題とする。すなわち国際的文脈の中において，国内，海外の利子率の差異と為替レート変化予測との関係が，既述の財務活動分析の基礎資料となる。

それとともに利子コストの節約のために債券の表示通貨を選択する場合，利子率の低い国の通貨の選択が行われるが，その場合に外国通貨が減価したときの損失可能性を考えねばならない。債券表示の通貨として利子コストを最小にするような通貨を選択した場合に，為替レート変動による損失可能性というリスクを負うことから，金利節約か，それを相殺する以上でなければならない。このように金利節約のために行う表示通貨の選択は「集権的方法」といわれている[2]。

したがって財務担当者は，負債表示通貨の決定において考慮すべき事項として，異種通貨で表示される類似の債券の利子率と為替レート変動による損失可能性との関係を判断して，資本調達，資本予算および資本管理，資本構成の決定を考えねばならない。多国籍企業の財務の中心的課題の第一の側面は，「彼

---

1) Aliber (1993), The Multinational Paradigm, MIT Press. p. 49.（岡本康雄訳『多国籍企業パラダイム』文眞堂，39ページ）本文は訳書通りではない。
2) *Ibid.*, p. 50. 同訳書39ページ。

らの本社が所在する国の通貨で獲得している収入とコストが，為替レートの変動に感応的かどうかということ」である。また第二の側面は，「異なる通貨で表示されている類似の証券群の中での利子率の違いが，為替レートの具体的な変動に照応しているのかどうか」[3]である。

こうしてアリバーは，負債の表示通貨の種類の決定を重視する。企業利益と正味価値が，選択された通貨によって外国為替市場を通じて大きく影響を受けるからである。

(2) 直接海外投資と資本化率

経営国際化の理由は論者によりさまざまである。第二次大戦後，それまでの国際証券投資から海外直接投資の増大へと国際資本投資が変化したことに伴って，1960年代から企業経営がなぜ国際化するのかに関して，活発に議論されることになった。それを説明する理論として海外直接投資の一般理論をめぐって論争が行われるようになった。企業は，国際経営活動を行う場合に多国籍企業形態をとることから，海外直接投資形態をとる理由の説明が当初からあった。ここではそれに焦点を当てながら，海外直接投資の財務論理を検討していく。主要な議論として，初めにアリバーの理論を検討する。

アリバーは，海外直接投資に関する一般理論を議論しながら，何故，企業は，第二次大戦後，1960年以降それまでの資産運用投資から海外直接投資へと比重を移していったのか，海外直接投資の理由を説明している。アリバーは，海外直接投資という用語を使用せずに直接海外投資（Direct Foreign Investment）という用語を用いている。そして直接投資が答えるべき第一の疑問として，優位性の淵源がどこにあるのか，また第二の疑問として，第二次大戦後の直接投資の大部分が，なぜアメリカ企業によってなされたのか。第三の疑問として，直接投資のパターンがなぜ産業により相当に異なっているのか，第四の疑問としては，直接投資理論は，「テークオーバー（takeover）すなわち既存の外国企業

---

[3] *Ibid.*, p. 67. 同訳書51ページ。

の買収という形で行われる直接投資を説明しなければならない」。最後（第五）には，相互直接投資，つまり海外直接投資の相互浸透を説明するものでなければならない，と指摘している。これらに関しては，以下の論文の中で検討されている（Aliber, Rovert Z., A Theory of Direct Foreign Investment, published in Charles P. Kindleberger (ed.) *"The International Corporation : A Symposium"*, The Massachusetts Institute of Technology, 1970 p.18. ロバートZ．アリバー「対外直接投資に関する一理論」，藤原武平太，和田　和共訳キンドルバーガー編『多国籍企業―その理論と行動―』，第1章所収，日本生産性本部　18ページ）。

　海外進出では遠隔地でビジネスを行うために海外リスクを多く負担する。それを賄うだけの優位性を企業は持たなければならない。そして直接投資におけるアメリカ企業の優位性は，アメリカの経営管理技術の優秀さとアメリカ政府に支えられた巨大な研究開発であると，アリバーは述べている[4]。そして満足できる説明は，「外国の競争者が同じような条件では買うことができず，また為替レートによっても中和させることができないアメリカ企業の持つ優位性」であり，具体的には競争できるための優位性として「特許，ノウ・ハウ，経営管理技術料のような財産的価値」が必要なことを指摘する[5]。それらの優位性は，受入国企業にとっては，投資国企業と同じ価格と条件では取得できるはずのないものであるということになる[6]。

　アリバーは，海外直接投資が国際資本移動論よりも産業組織論に属するものと主張する。産業組織論の立場からは，2つの説明ができる。1つは，直接投資家は，海外で不利な制約の下で活動しているために，何らかの実質的優位性

---

4) Aliber, Rovert Z., A Theory of Direct Foreign Investment, published in Charles P. Kindleberger (ed.) *"The International Corporation: A Symposium"*, The Massachusetts Institute of Technology, 1970, p.18. ロバートZ.アリバー「対外直接投資に関する一理論」，藤原武平太，和田　和共訳キンドルバーガー編『多国籍企業―その理論と行動―』，第1章所収，日本生産性本部，18ページ。
5) *Ibid.*, p.18. 同訳書18ページ。
6) *Ibid.*, p.19. 同訳書19ページ。

を持たねばならない。それは技術や参入の仕方であるが，競争者を買収することにより独占的体制を確立することである。いまひとつの説明は，垂直的統合の利点である[7]。企業内部の活動が異なる国々にわたる場合に，それらの統合により効率を高めたりコスト低減が実現される[8]。

以上の2つが，産業組織論から導出される海外直接投資が行われる要点である。しかしアリバーは，それらは限られた説明力しかないという。それらの理論は，投資国の優位性は説明できるが「対外直接投資の国別パターンや産業別パターンを予測できず，また，買収を通ずる対外投資を的確に説明できない。……そしてこれらの説明は対外性（foreignness）の要素を欠いている」と指摘している[9]。アリバーのいう対外性とは，「異なる関税地域，通貨地域，税管轄への企業参加を含む対外直接投資に特有の要素」のことである[10]。

そしてアリバーの主張は，「対外直接投資のパターンを説明する鍵ともいうべき要素には，資本市場の関係，為替リスク，および特定通貨で資産を維持したいという市場の選好性が含まれるということである」[11]。この要素が企業の投資パターン（規模）や外国企業を買収する理由を説明する力を持っているという。

問題の中心は，「対外直接投資を説明するにあたって，それを関税地域という現象としてとらえるのか，又は通貨地域という現象としてとらえるか，どちらのほうがより説得力があるかということになる」[12]。

アリバーのいう投資国企業の独占的優位性を代表するものに『特許（patent）』がある。これは「資本的資産」であって，「この資産が生ずるフロー所得は，一定のアウトプットを生産するために必要な各種の要素の量の縮減にともなう生産費の低下によって測定される。したがって特許の価値は，特許が使用され

---

7) *Ibid.*, p. 19. 同訳書19ページ。
8) *Ibid.*, p. 19. 同訳書20ページ。
9) *Ibid.*, p. 20. 同訳書20ページ。
10) *Ibid.*, p. 20. 同訳書20ページ。
11) *Ibid.*, p. 20. 同訳書20ページ。
12) *Ibid.*, p. 21. 同訳書21ページ。

る前と後とにおける生産費の相違を資本化した価値であるということになる」13)。

　さらにアリバーは，企業が海外直接投資を行うか否かの基準を，特許のもたらす利益の資本価値の相違に注目する。それには資本化率が重要となる。投資国企業が「特許を自国内で使用して輸出することから生ずる所得と，受入国で使用して生産することから生ずる所得とを比較する場合」，関税は輸出からの所得割合を低下させる14)。そしてアリバーは，企業が海外で特許を利用するか否かの決定は，海外での所得の資本価値（投資国企業と現地企業のそれ）の比較とそれに適用される資本化率，および企業活動のコストが関係することを指摘する15)。

　そしてアリバーは，異なる通貨地域が，資本化率の相違をもたらす理由を説明する。アリバーによれば「通常，投資国企業は資本化率の高い国にある企業であり，受入国企業は資本化率の低い国にある企業」である。資本化率の相違が，「どの国が投資受入国になり，どの国が投資国になるかを選択する」と指摘する16)。

　この場合の資本化率は，財務理論でいうところの割引率と同じと考えられるが，フロー所得が確定利付債以外の証券類の場合は不確定性が含まれるために資本化率は高くなると考えられる。アリバーのそれはキンドルバーガーの公式を用いて説明しているが，それが投下資本利益率であることを理解することができる17)。

　このアリバー論文の主題は，「対外直接投資のパターンは投資国企業が同一の期待収益の流れを受入国企業よりも高い資本化率で資本化することを反映している」ことである18)。したがってここでは，投資国になるか，受入国にな

---

13)　*Ibid.*, p. 22. 同訳書22ページ。
14)　*Ibid.*, p. 24. 同訳書26ページ。
15)　*Ibid.*, pp. 26-28. 同訳書26〜28ページ。
16)　*Ibid.*, p. 28. 同訳書29ページ。
17)　*Ibid.*, p. 28. 同訳書28ページ，注18参照。
18)　*Ibid.*, p. 28. 同訳書28ページ。本文は訳書とは異なる。

るかは，資本化率の相違によって決まることになると述べている[19]。つまり資本化率が高い国が投資国，低い国が投資の受入国，換言すれば海外直接投資は資本化率の高い国から低い国へと流れるということである。

アリバーは，残された説明は，「なぜ異なる通貨地域が資本化率の相違をもたらすか」についてであると指摘する。アリバーは，海外直接投資の地理的パターンが，「異なる通貨で表示されている総資本に対する資本化率の分散」を反映したものであると述べている[20]。アメリカが最大の海外直接投資国である理由は，「アメリカ企業に対する資本化率が外国企業に対する資本化率よりも高いからである。アメリカ企業の総資本につけられた高い資本化率は，市場がドル表示資産を保有したいという選好性を持っていることによるもの」である[21]。そしてアリバーは，海外直接投資のパターンの差異が，海外市場の規模や特許の価値，受入国の関税，海外経営活動のためのコスト，「ならびに国別および各国内の産業別の資本化率の分散を」反映していると指摘する[22]。また企業買収も，資本化率の相違により説明できるという。それは，資本化率の差異が現在価値と関係するからである。

(3) 直接海外投資と外国為替論

ここではアリバーの以下の文献を検討して，直接海外投資と外国為替論の関連性を検討する。Aliber, Robert Z., *"The Multinational Paradigm"* MIT Press. 1993.（岡本康雄 訳『多国籍企業パラダイム』文眞堂，1993年）

アリバーが，直接海外投資という用語を用いることはすでに指摘した。そしてなぜ1980年から直接海外投資の流れが変化したのかに焦点があてられている。

海外直接投資の理論は，従来からアメリカによる海外直接投資が多かったが，1970年以降から日本，イギリス，その他の先進工業国の企業によるアメリカへ

---

19) *Ibid.*, p.29. 同訳書30ページ。
20) *Ibid.*, p.31. 同訳書31ページ。
21) *Ibid.*, p.31. 同訳書31ページ。
22) *Ibid.*, p.31. 同訳書32ページ。

の直接投資が増加したことを説明できなければならない。つまり海外直接投資の相互浸透の要因を説明する必要がある。

　アリバーによれば，企業が海外生産を行うには2側面で考えられる。海外生産では，国内市場では生じないようなリスクとコストがかかる故に，それを賄って，なおそれ以上の企業利益と市場価値が増大できるか否かである。そこで第一には「海外投資の期待利益率と類似の国内投資の期待利益率との比較である」[23]。つまり輸出よりも海外生産の場合に得られる利益が輸送コストなどを控除した上で，なお大きいと判断されれば，海外製造子会社を設立するか否かを決定することになる。

　第二には「源籍国企業が受入国への投資について稼得できると信じる期待利益率と，受入国企業が類似の投資について稼得すると思われる期待利益率との比較」である[24]。期待利益率の増大は，市場価値にプラスの影響を与えるものであるから，これは，投資国企業の市場価値が受入国の競争相手企業の市場価値よりも大きくなることが，投資の判断基準となると理解できるであろう。多国籍企業においては，海外で獲得された期待利益率は遠距離（遠隔地）のためにかかるコスト，輸送費，為替レート変動などの経済的コストを賄う以上の利益（率）でなければならない。そのためには投資国企業にとって何らかの企業特殊優位性が必要となる。

　アリバーの主張する源籍国企業の優位性は，「その企業が比較的低い利子率の国に本社がある故に，資本コストの面で優位をもつ」ということである[25]。つまり利子率は，アリバーのいう予想利益の割引率であるから，低利子率国に本社がある企業は，高利子率国の企業よりも利益が高い価値（市場価値）になるというものである。つまり利子率という資本コストは「国特殊優位」を意味しているが[26]，その場合に，その資本コストは多国籍企業においては，本社

---

23) Aliber (1993), The Multinational Paradigm, MIT Press, p.181.（岡本康雄訳『多国籍企業パラダイム』文眞堂，同訳書140ページ）
24) Ibid., p.182. 同訳書140-141ページ。
25) Ibid., p.188. 同訳書146ページ。
26) Ibid., p.189. 同訳書147ページ。

と子会社の各利子率の加重平均ではないとアリバーは主張する。

　アリバーは，直接海外投資の理論は，「源籍国企業が経済的距離にともなうコストを補償できる優位性を明示化しなければならない」と主張する。それが海外投資の十分条件であるという[27]。

　そしてランダムでない要因ないし国特殊の要因として立地優位と所有優位を主張する[28]。各国の直接海外投資の流出入の割合を計算する場合に，アリバーは，すべての国のそれの平均と比較することを主張する。まず「1つは，総国民生産に対する直接海外投資の割合の平均，第二は国内の工場・設備投資総額に対する直接海外投資の比率の平均として捉える」[29]。つまり前者は，（直接海外投資／総国民生産）であり，後者は，（直接海外投資／工場・設備投資総額）の意味である。それらが，すべての国の平均より高い値を示す国が源籍国（投資国）であるという。そしてアリバーは，直接海外投資と外国為替とは密接に関連していると主張する。

　アリバーは，「米国内で発生する総事業投資の割合が増大することは，米ドルの外国為替上の価値が低下することで説明できる」という[30]。そのことは立地特殊要因と関係しているという。

　「米ドルの過小評価が増大すると，米国内の投資に関連した期待収益率は増大するから一群の国々に対する米国内の総工場・設備投資の割合は増大するはずである。これと対照的に，米ドルが次第に過大評価されるにつれ，米国内の期待利潤は低下し，米国内の新規投資の割合は低下するはずである」[31]。

　アリバーは，「直接海外投資の為替リスク理論は，直接海外投資の流入および流出の国特殊ないし体系的要因を説明する」という[32]。「米ドルの過大評価が増大することは，米国内の米国企業および海外企業が所有する工場・設備の

27)　*Ibid.*, p.195. 同訳書152ページ。
28)　*Ibid.*, p.196. 同訳書152ページ。
29)　*Ibid.*, p.196. 同訳書152ページ。
30)　*Ibid.*, p.197. 同訳書153ページ。
31)　*Ibid.*, p.197. 同訳書153ページ。
32)　*Ibid.*, p.197. 同訳書153ページ。

期待投資利益率が低下し，総工場・設備投資のうち米国内で行われる割合が低下することを意味」している[33]。

「為替リスク理論は，利子率が低い国に本社がある企業が，利子率が高い国での所得流列を獲得することによって，彼らの市場価値を増大させると予測する。こういった企業は，既成の受入国企業に対し，買収ないし乗っ取りを行う。同様に，源籍国企業がその優位により受入国企業よりも『克服すべきレート』が低ければ，利子率の高い国に『新設』投資を企てることも可能」である[34]。

この理論は，企業買収のための直接海外投資をも説明する。「それは，受入国の企業の市場価値がその帳簿価格以下になるか，あるいは源籍国企業の市場価値と帳簿価格との比率よりも受入国企業の両者の比率が低くなる時発生する」と述べている[35]。直接海外投資のこの理論は，直接投資の地域的分布の類型を分析するときの枠組みを提供する。「1960年代，米ドルが次第に過大評価されるにつれ，産業国の総投資のなかで米国以外の地域での割合が増大した。米国企業の資本コストは，大部分の他の産業国に本社がある企業の資本コストより低かったから，米国の直接海外投資は急増した。これと対照的に海外に本社がある企業による米国での投資は低かった。それは米ドルの過大評価のため，米国における工場は立地上不利だったからである。」[36]。

4　ハイマーの直接海外投資と企業優位性，国際寡占

ハイマーの理論は，多国籍企業と企業優位性，国際寡占の問題が特徴である。ここではそれを検討する。主な文献は，以下を使用している。

Hymer, Stephan Herbert, *"The International Operations of National Firms: A Study of Direct Foreign Investment"* 1976, MIT.（宮崎義一編訳『多国籍企業

---

33)　*Ibid.*, pp. 197–198. 同訳書155ページ。
34)　*Ibid.*, p. 202. 同訳書157ページ。
35)　*Ibid.*, p. 204. 同訳書158ページ。
36)　*Ibid.*, p. 204. 同訳書158ページ。

論』岩波書店，1979年）

(1) 直接海外投資と企業優位性

　ハイマーの多国籍企業の研究は，上記の著作に納められているが，まず，はじめにハイマーは，海外直接投資の特質を明らかにするために証券投資（portfolio investment）との違いを明確にしている。外国企業を支配する目的を持つ投資は直接投資であり，企業支配の目的がない場合の投資は証券投資であると両者を区別している。直接投資は企業支配目的を含んでいることから，利潤（率）を基準にして資本が移動する。それに対して証券投資は利子率に従って移動すると考えられている。したがって両者は別物であり，その動きも全く異なってくると指摘する。

　企業は生産，販売活動において，他企業に対して優位性を持っているが，優位性の保持が対外事業活動，すなわち海外進出のための直接投資に向かわせる要因であると主張する。

　またハイマーは，「企業の優位性というものは，企業が他の企業より低いコストで生産要素を手に入れることができるか，または，より効率的な生産関数に関する知識ないし支配を保持しているか，あるいは，その企業が流通面の能力において優れているか，生産物差別を持っているかのいずれか」であると述べている[37]。

　つまり利益を目的に行われる直接投資は，利子率格差で行われる証券投資では説明ができない。

　「対外事業活動は特定国の全産業にではなく，むしろ世界中のどの国においても特定の産業だけに起こるという理論に基づいている。このことは，対外事業活動が企業と産業に関する現象であって，利子率のような一国の一般的条件に依存する証券資本の移動とは対照的である」[38]。ハイマーは，対外事業活動がどの国においても特定の産業に集中して起こっていること，そしてこれらの

---

37)　*Ibid.*, pp. 41–42. 同訳書35–37ページ。
38)　*Ibid.*, pp. 157–161. 同訳書122ページ。

産業には，集中化傾向がみられることを明らかにしている[39]。そして海外直接投資は，対外事業活動に投資された資本であり，直接投資の理解のためには対外事業活動を解明すべきことを強調している。

ハイマーによれば，資本移動の動機は，一般に企業支配であって，金利差ではないという。それゆえに「移動する資本の量には制限があり，逆の方向，すなわち利子率が低い地域に向かって流れることもありうる。ある程度までは，国外の利子率が低ければ低いほど，資本の流出は多くなり，あるいは，とにかく対外事業活動の件数は多くなり，その規模は大きくなることであろう。なぜならば国外の利子率が低ければ，より多額の現地借入れが可能となり，事業活動の収益性はより高くなるからである」[40]。

ハイマーは，アメリカ海外直接投資の流れとその増大について説明している。それは次の論文の中で見られる。

Hymer, "Multinational Corporation and the Law of Uneven Development" by Jagdish N. Bhagwaiti, *Economics and World Order from the 1970's to the 1990's.* The Macmillan, 1972a.

ハイマーは，1950年代から60年代のアメリカ海外直接投資の増大には3つの理由があることを指摘している。

まず，第一は，「アメリカの株式会社の規模の大きさとその新しい事業部制機構によって，より広い視野と世界的な展望を得たことである。第二には，コミュニケーションにおける技術的進歩によって，世界的規模の挑戦に対する新しい自覚が呼びおこされ，また競争の新しい源泉を発見することによって，既存の制度が安閑としていられなくなったこと」である[41]。そしてアメリカ海外直接投資の第三の要因は，ヨーロッパと日本の急速な企業成長である。アメリカ企業は，アメリカ国内に閉じこもっているのではなく，1960年以降，成長しはじめたヨーロッパと日本の企業との競争に立ち遅れはじめたことに気がつ

---

39) *Ibid*, pp. 97–166. 同訳書第4章参照。
40) *Ibid*, p. 213. 同訳書165ページ。
41) Hymer 1972a, p. 121. 同訳書274–275ページ。

いた。そのことからアメリカ企業の海外進出，多国籍化が増大し始めたのである[42]。

(2) 資本の国際化

ハイマーはさらに資本の国際化について以下の論文で次のように論述している。

Hymer, "The Internationalization of Capital", *Journal of Economic Issues*, 1972b, March.

ハイマーは，多国籍企業体制が3つの相互に関連する側面を持っているという。すなわち「国際資本移動，国際資本主義的生産，および国際政府」である[43]。

ここでは国際資本移動を取り上げる。これはアメリカやイギリスそれに日本など，先進工業国の多国籍企業による海外直接投資が1970年代から急増したことを意味している。それに伴って金融の国際化も同時平行しながら拡大したことである。いうまでもなく企業の資本の海外需要の増加とその資本投資が国際金融・資本市場を拡大させた。それは，海外への短期資本の投資や外貨建てローン，また海外での証券投資や海外資本調達を含んでいる。

資本の国際化とは，資本の集積と集中が国際規模で行われることであり，利益再投資により集積した個別資本が拡大し，それが結合することにより資本の多国籍化が行われている。資本主義特有の性格としての企業間競争によって資本の集積が促進され，そして信用制度の利用によって資本集中がさらに高められる。競争の中で企業は絶えず利益の再投資を繰り返しつつ，自己増殖を遂げるために外国市場へ進出していく。資本主義的な企業間競争は，各企業の利益率の平準化をもたらすが，企業はさらに平均以上の利益率をめざして競争を繰り返す。それが海外市場へと拡大される。また信用制度は，個別資本相互を結合させて，大規模な資本集中を可能にする。このように競争と信用制度が世界

---

42) *Ibid.*, pp. 121-122. 同訳書275ページ参照。
43) Hymer 1972b, p. 91. 同訳書310ページ。

的規模で作用している中で，多国籍企業の財務活動が展開するのである。

「多国籍企業と国際資本市場は並行的かつ共存的に発展する」であろう[44]。多国籍企業の資本需要は，1960年代後半から国際金融・資本市場を拡大してきた。多国籍企業の長期資本需要は国際資本市場を拡大し，また短期・長期ローン需要が国際金融市場を発展させた。さらに短期と長期市場の統合や企業間の統合，合併・買収のための資本調達と投資が国際金融・資本市場拡大に作用してきた。既に指摘した1960年代から成長したユーロ市場は，規制のない自由市場であることが資本の国際化を一層促進させた。ユーロカレンシー，ユーロボンドの利用は多国籍企業の持つ財務上の優位性である。このことが多国籍企業体制を支える存立基盤として重要な要因となっている。

5　バーノンのプロダクト・サイクル・モデル

経営国際化を論ずる場合には，バーノン（Raymond Vernon）によるプロダクト・サイクル・モデルはあまりにも有名である。ここではバーノンの仮説を検討しよう。製品は開発されて市場に導入されてから，やがて成長し標準化されるというライフ・サイクルを描く。製品は，市場に導入されてから新製品導入期，成熟期，標準化期のサイクルを描くことを図2−2は示している。これがバーノンの主張であるが，彼のこの理論は最初に以下の論文で示された。

Vernon, Raymond ,"International Investment and International Trade in the Product Cycle", *Quarterly Journal of Economics,* 80, 1966. pp.190−207.

(1) プロダクト・サイクルと国際化

バーノンは，貿易理論から輸出，国際化を説明した。彼によれば貿易理論の主要な研究の流れでは，その一般化，統一化の理論が必ずしも今まで十分でなかったことを指摘する。科学的な原則の知識と市場の商品における原則の具体

---

44) Hymer 1972b, p.99. 同訳書324ページ。

化の間には大きなギャップが存在すると指摘している。

バーノンはこの論文で製品のライフ・サイクルを新製品開発，成熟製品，標準化製品という三段階を経て国際化することを説明している。

図2-2　プロダクト・サイクルにおける国際貿易パターン

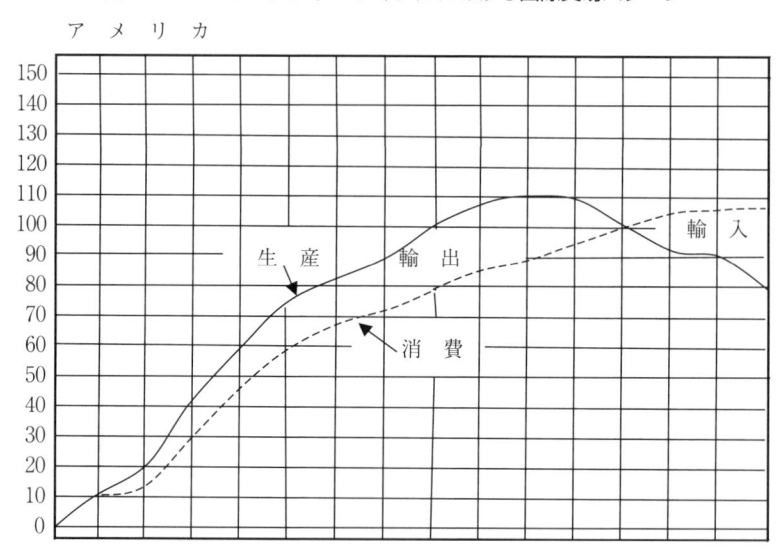

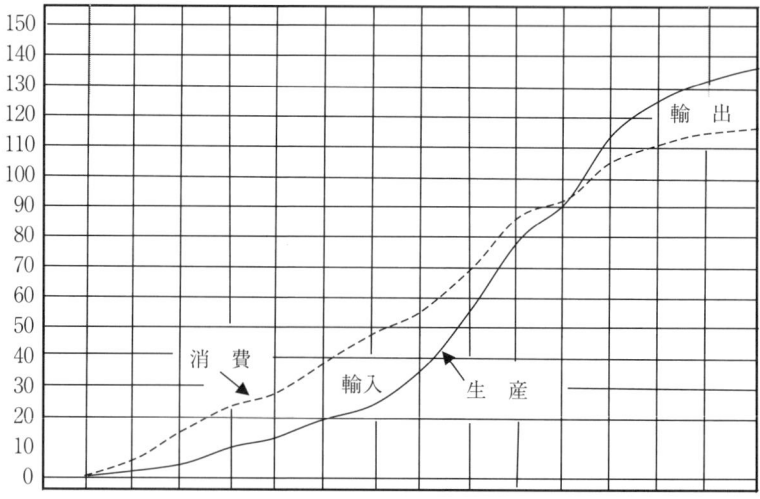

アメリカ

アメリカ以外の先進国

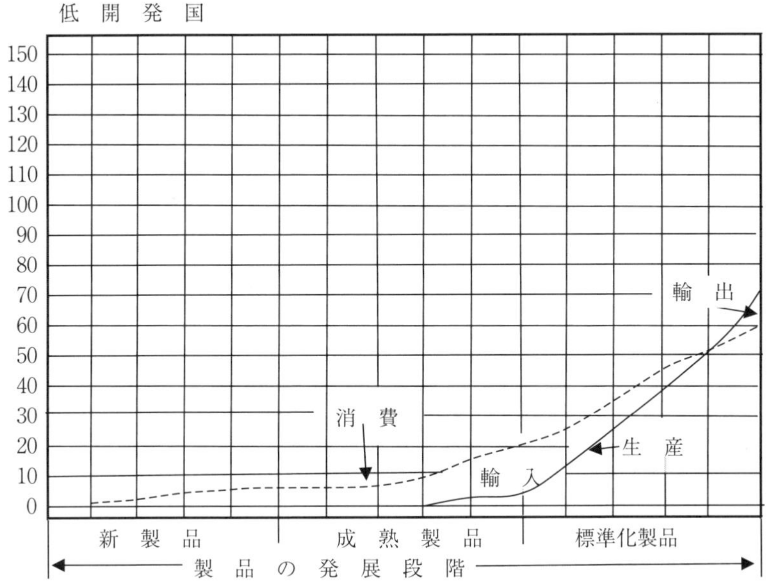

出所：Raymond Vernon, "International Investment and International Trade in the Product Cycle", p.199. in the Quarterly Journal of Economics, 80. 1966. pp.190-207.

①　新製品の導入と開発

この段階では，どの地域（国）で最初に新製品が生まれるかを説明している。バーノンによれば，それは最も先進国であるアメリカであるという。アメリカの企業家は，アメリカが高い所得水準であり，また高い単位労働コストの国であること，そしてそのことが新製品に対する欲求を充たす機会を企業家に認識させたことであると述べている。

すなわちアメリカの生産者は，高収入あるいは労働節約の新製品への要求の機会がアメリカにあることを最初に見出したのであり，またその新製品のための最初の生産設備は，アメリカに設置されると主張している[45)]。

製品の発展段階は，図2－2に示されている。新製品導入段階では，生産者

45)　Vernon, Raymond,International Investment and International Trade in the Product Cycle, *Quarterly Journal of Economics,* 80, 1966. p. 194.

は通常は多くの重要な状況に直面する。導入期では製品は全く標準化されておらず，そのインプット，プロセシング，そして最終の設計書は広い領域をカバーしたものになっている。バーノンは，1つの事例として，自動車生産を取り上げて，それが1910年以前の多種類の自動車生産と比較して，1930年代には全く標準化された自動車生産になっていったこと，またラジオの生産では，1920年代のデザインと比べて，1930年代になると統一化されたモデルへと変化して製品が標準化されていったことを明らかにしている[46]。

初期の導入段階について要約すると，アメリカ市場の立地上の特徴，状況が，いくつかの新製品のための市場としてアメリカを生産地域として選択させる。それは，製造のためのインプットを変更したりする場合の自由度やコストと関係していることや，また製品に対する需要の価格弾力性が製品の差別化や初期段階の独占のために低いこと，さらには生産者と消費者及び供給業者との迅速で効果的なコミュニケーションが，とくにこの初期段階では高いなどの理由からである。したがって，生産者は単純な要素コスト分析に加えて輸送を考慮することを越えて，立地上の考察に基づいてアメリカを生産立地として選択するのであるという[47]。

② 成熟段階

製品需要が増大すると，通常はある段階から製品の標準化が始まる。図2-2がそれを示している。そのことは製品の差別化がなくなることを意味しているのではない。むしろ競争相手企業が価格競争の矛先を回避する目的から，差別化への努力は強まると考えられる。さらに企業は製品の専門化，特殊化の努力をするであろう。バーノンによれば，ラジオ生産では，「最終的には時計付きラジオ，自動装置付ラジオや携帯用ラジオなど，特殊専門的な形態」をとるようになったと説明している[48]。

製品の発展プロセスは，立地との係わり合いと関係が深い。バーノンが問題

---

46) *Ibid.*, p. 195.
47) *Ibid.*, pp. 195-196.
48) *Ibid.*, p. 196.

とした立地上の係わり合いは，アメリカの高所得と労働節約製品の製造と結びついた産業を描くことであった。アメリカ内部に産業の大規模生産が定着し始めるのと同時に，最初の大量生産のためのマス市場がアメリカ国内に出現するが，やがてその製品需要は，他国でも現れ始める。

アメリカ以外で製品需要が増加する過程をバーノンは次のように述べている。「もしも，製品が，需要の高所得弾力性を持つならば，あるいはその製品が高労働コストの十分な代用品であるならば，やがて需要は，西ヨーロッパのそれなど相対的な先進国において全く急速に増大し始める」であろう[49]。「市場がそれらの先進国で拡大するので，企業家は，彼ら自身に，現地に生産設備を設立することのリスクをとる時期が来たかどうかを問い始める」であろう[50]。

この段階に到達するまでの時間がどれだけかかるかについて，バーノンは，「限界生産コストにアメリカからの輸出品の輸送コストを加えた金額が，輸入市場での予想された生産の平均コスト」と比較して前者が低い限り，アメリカの生産者は，確実に海外への投資を回避する，つまり輸出するであろう，と指摘する[51]。

海外に生産設備を設置するか否かについて考慮すべき要素は，異なった地域間での資本調達コストではなく，むしろ生産コストが大きいことをバーノンは主張している。生産コストの差は，通常は個々の生産設備を比べて規模による差異や労働コストの差であると述べている。バーノンは，もしも2つの地域で規模の経済性が十分に発展していれば，両地域の主要な差異は，労働コストであるという。そして「もし労働コストの差が，輸送コストを相殺するのに十分な大きさであるならば，故にアメリカへの逆輸出」が可能となることを指摘している[52]。

---

49) *Ibid.*, p. 197.
50) *Ibid.*, p. 197.
51) *Ibid.*, p. 197.
52) *Ibid.*, p. 200.

③ 製品標準化の段階

バーノンの図2－2から明らかであるが，製品の標準化が進んだ段階では，低開発国においてその生産の増加が始まることが示されている。低開発国が「生産立地として競争優位を持つようになる可能性」をバーノンは示している。低開発国で生産される製品は労働集約的な製品であるという考えは従来から一般的にある。標準化製品では，マーケティング考察をそれほど重視しなくても，製品の質が均一であるために，販売においては価格に基づいて需要と売上げの関連性の持つ傾向が強い。したがって投資家は，生産立地を考えたときに市場問題よりも低コストへ対応する供給源を求める傾向がある。

バーノンはアメリカの産業を取り上げて，以下のように述べている。

例えば，アメリカでは産業は低コストを求めて低賃金の南部地域へ移動する。低賃金を求めて南部地域に移動する輸出産業では，精巧な産業環境にとっては大きな需要（消費者欲求）を持たない産業である傾向があり，明白に標準化製品を生産する産業である傾向があった[53]。「織物産業では，それは南部地域へ進出した高年齢者向け製品，綿布，男性用シャツなどの生産設備であり」，高級ドレスやその他の標準的でない製品の生産者は南部地域へ移動したがらなかった[54]。

また電器産業では，同様に南部地域へ移動する傾向の強い企業は，真空管製造やレジスターおよび標準化された大量の部品製造の大量生産者であり，注文製品や研究指向の強い製品の企業は南部へ移動しなかったという[55]。

アメリカ以外の国の事例でも同じ傾向がみられたという。イタリアでは低開発の南部地域やイギリスとアイルランドでは北部の後発地域では，標準化製品や自給自足の製造プロセスを持つ産業を惹きつけていた[56]。

ここでバーノンは，最後に，低開発国は資本不足で高金利であるという仮説

---

53) *Ibid.*, p.204.
54) *Ibid.*, p.204.
55) *Ibid.*, p.204.
56) *Ibid.*, p.204.

に対して異議を唱えており，次のように指摘する。低開発国の資本市場は外部市場と厳格に絶縁されて，そこでは裁定取引が制限されている[57]。したがって，企業家の観点からは，「資本市場の一定のシステマティックで予測可能な"不完全性"は，低開発国に特有の資本不足のハンディキャップを縮小又は除去する」であろう[58]。そしてさらには縮小又は除去の結果，そのような低開発国では，一定の標準化された資本集約的製品の輸出において効果的に競争する立場にあることを彼ら自身で気付くであろう」と指摘している[59]。

バーノンのこのプロダクト・サイクル仮説は，生産の国際化を製品のプロダクト・サイクルから説明したものであり，1960年代およびそれ以降での最も注目された理論であった。しかしそれには多くの批判も同時にあった。海外直接投資の相互浸透が説明されていない，といった批判や，製品は，開発・導入されて成熟製品，標準化製品へと，順次にサイクルを経るのではなく，それぞれの期，サイクルが同時に起こる場合もある。これらの新しい状況を説明する必要がある。そこでバーノンは，1979年にプロダクト・サイクル仮説を修正した論文 *"The Product Cycle Hypothesis in a New International Environment"* を発表している。以下それを検討しよう。

(2) 新しい国際環境におけるプロダクト・サイクル仮説

バーノンはプロダクト・サイクル仮説の最初の論文（1966年）から約10年後に，国際環境の変化に対応したプロダクト・サイクル仮説の修正したものとして1979年に新しい国際環境におけるプロダクト・サイクル仮説を発表した。次の論文がそれである。

Vernon, "The Product Cycle Hypothesis in a New International Environment" in the Oxford Bulletin of Economics and Statistics No. 41(4), pp. 255-267.

---

57) *Ibid.*, p. 206.
58) *Ibid.*, p. 207.
59) *Ibid.*, p. 207.

バーノンのこの論文は，Buckley, Peter J. (ed) の編集した著書 "International Investment", Elgar publishing Ltd. 1990. に収められているので，本項ではこの著書に掲載された論文を使用している。

バーノンは，最初の論文を発表（1966年）して以来，その後の10年間に国際貿易と海外直接投資の活動に新しい変化があったと述べている。その新しい変化に対応する仮説，理論が必要であることを主張した。

その変化は2つの理由から起こったという。1つは，新製品を開発して市場へ導入する多くの企業が地理的に拡大し，多国籍企業の海外子会社が各国に分散設立されたことから，新製品の最初の導入が一ヵ国からではなくなったことである。つまりバーノンの旧理論では，新製品導入は常に先進国アメリカからであった。そして2つ目の理由は，先進工業国間の各国内市場が変化し，各国の市場間の差異が縮小し，同一化，同質化の傾向を持つようになったことである[60]。

国際貿易論や海外直接投資論では，常に市場に新製品が導入され，それが成長・成熟し，やがて最終的には衰退するというライフ・サイクルを展開することを前提に理論が組み立てられていた。その場合に，海外に生産設備を設立する企業は，企業優位性や競争優位性を備えていなければならないが，企業優位性は，なんらかの新製品開発のためのイノベーション能力の存在がなければならない。バーノンによれば，そのための研究開発業務が本国において研究者および科学者により行われるという。

企業のイノベーションは，その国の市場の特性と関連しており，その国の特質がイノベーションへの要求を生み出す。たとえばバーノンによれば，アメリカの企業は「労働節約的または高賃金の要求に対応した製品を開発，生産する；ヨーロッパ大陸の企業は，原材料節約的そして資本節約的な製品とその生産プロセスを志向する；そして日本の企業は，原材料や資本の節約だけでなく，

---

60) Vernon, "The Product Cycle Hypothesis in a New International Environment" in the *Oxford Bulletin of Economics and Statistics* No. 41(4), pp. 255–267. in Peter J. Buckley (ed) *International Investment*, Elgar publishing Ltd. 1990. p. 255.

場所（space）を節約する製品生産を行う」[61]。

そして輸出又は海外生産をするか否かは，「本国で輸出のために生産された製品の限界コストに国際輸送コストと関税とを加えたコストと，海外子会社での必要量を生産した製品のフルコストとを比較する」[62]。当然に後者のコストが少なければ海外生産を展開することになる。

過去40年の間に，世界の輸出や投資は，企業のイノベーション，研究開発による新製品開発によって急速に増大した。バーノンによれば，イノベーションによる新製品や新技術の開発は，とくに化学，エレクトロニクス，機械及び輸送設備の産業分野で行われてきたこと，そしてそれらの産業におけるイノベーションは，必ずしも彼等自身の本国市場に限定されるものではなくなったことが一般的になったと主張している[63]。つまり生産拠点をグローバル化した多国籍企業は，その国際的なネットワークを利用した生産ラインの中でグローバル生産を実施しているからである。そのことは，アメリカでの新製品開発・導入と，海外でのそれの生産との間の時間差が急速に縮まったことが，バーノンの図2−2[64]で示されている。

第二次大戦後の数年間は，アメリカの市場は労働力不足と高収益状況であったから，それに対応したイノベーションが行われ，「アメリカ経済は，また海外で生産されていないイノベーションの貯蔵庫であった」[65]。それ故にアメリカから大量の輸出が行われ，やがてアメリカ企業による海外生産，海外子会社の設立が行われるようになった。

しかしながら1970年代には，アメリカ以外の先進工業国は，戦争直後に存在していた所得の格差を縮小したことから所得がアメリカへ接近した。「例えば1949年には，ドイツとフランスの1人当たり国民所得は，アメリカのそれの3分の1以下であった。しかし1970年代には，それら3カ国の1人当たり国民所

---

61) Buckley (ed), 1990. *Ibid.*, p. 256.
62) *Ibid.*, p. 257.
63) *Ibid.*, p. 258.
64) *Ibid.*, p. 259.
65) *Ibid.*, p. 260.

得は同じくらいになった。日本は同時期に，1人当たり国民所得がアメリカのそれの6％から70％近くにまで上昇させた」[66]。つまりアメリカと他の先進工業国との間で所得の格差が縮小したこと，さらにはアメリカが，ますます原材料の輸入に依存するようになり，先進工業国の間で要素コストの差が縮小したことが，プロダクト・サイクル仮説の重要な前提条件を弱める状況に直面したといえるのである。

すなわちバーノンの主張によれば，「発展途上国と先進工業国との間のギャップは明確に存在するが，しかし先進工業国間の差異が縮小された」[67]ことから，アメリカ企業がヨーロッパや日本の企業とは全く異なる本国市場にさらされているとはいえなくなったのである。これが，プロダクト・サイクル仮説の修正と再検討を要する重要な理由である。

6　市場の内部化理論—バックレイとカソン，ラグマン—

(1)　バックレイとカソンの内部化理論

本節は，バックレイとカソン（Buckley, Peter J. & Casson, Mark）による下記の著書を中心に多国籍企業による市場の内部化理論を検討したものである。

The future of the multinational enterprise, palgrave, 2002.（清水隆雄訳『多国籍企業の将来』（第2版），文眞堂，1993年）

①　バックレイとカソンの海外直接投資と内部市場の形成

バックレイとカソンは，1990年代ごろまでは多国籍企業に関する包括的な理論は，まだ確立されていなかったという。彼らの主張は，中間財市場の不完全性に注目して，外部市場の不完全性を回避するために多国籍企業が創出されると述べている。近代のビジネスにおいては，企業は通常の財およびサービスの生産以外にも多くの活動を実施している。

66）　*Ibid.*, p. 260.
67）　*Ibid.*, p. 261.

「とりわけ重要なのは，マーケティング，研究開発，労働訓練，経営チームの組織化，資金調達，金融資産の管理等々である。これらすべてのビジネス活動は相互に依存しあっており，中間財によって結び付けられている。中間財はときにはある産業から別の産業へ送られる通常の半加工材料であるが，しかしそれはまたしばしば，パテント，人的資本等々に体化した知識と専門技術の形をとる。効率的にビジネス活動のコーディネーションを行うためには中間財のための完全市場のセットが必要になる」[68]。

しかし中間財のための完全市場の組織化は難しい。そこでこれら市場の組織を改善しようとする試みが多国籍企業の成長と結びつくと主張している。そして国境を越えて行われる市場の内部化が多国籍企業を創出する[69]。すなわち中間財市場の内部化が企業多国籍化の要因であるとの主張である。

内部化の意思決定のためには，4つの要因が関係するという。「①産業特殊的要因（Industry-special factors），すなわち製品の性質と外部市場の構造に関連する諸要因，②地域特殊的要因（Regional-specific factors），すなわち市場に結び付いた地域の地理的，社会的性格に関連する諸要因，③国家特殊的要因（Nation-specific factors），すなわち関係国の政治的，財政的関係に関する諸要因，④企業特殊的要因（Firm-specific factors），すなわち内部市場を組織し，管理する能力を反映する諸要因」の4つである[70]。

この中で彼らは，産業特殊的要因に焦点を当てている。その理由は，その要因が「ある種の多段階生産工程中の中間財に対して市場を内部化する強い原因となる」からである[71]。内部化は2つのタイプすなわち1つは，生産者を垂直的に統合化する内部化の型と，いまひとつの内部化は生産，マーケティング，研究開発の統合化である。これら2つの型の統合化された内部化を海外で行う

---

68) Buckley, Peter J. & Casson, Mark (2002), *The future of the multinational enterprise*, palgrave p.33. (清水隆雄訳『多国籍企業の将来』（第2版），文眞堂，1993年，35ページ)
69) *Ibid.*, p.33. 同訳書35ページ参照。
70) *Ibid.*, pp.33-34. 同訳書36ページ。
71) *Ibid.*, p.34. 同訳書36ページ。

ことが最適である場合には，国際経営，多国籍企業化することになる。

彼らは，「多国籍企業をいくつかの相互依存的な諸活動に対して，これを中間財のフローによって結び付け，共通の所有と管理の下で経営される複数工場企業の1つの特殊なケース」とみている[72]。そして内部化することの利益については，外部市場における不完全性を回避することによって生じると述べている[73]。

バックレイとカソンは，第二次大戦前に多国籍企業が出現した理由（要因）については，「一次産品に対する需要の増大とそれらに対する効率的な外部市場の組織化が困難であったこと」，そして第二次大戦後の多国籍企業の成長の要因として，「知識集約型製品への需要の増大，知識生産の規模の経済と効率の上昇，それに知識についての市場組織化の困難性」を指摘している[74]。

つまり外部市場の組織化の困難性，外部市場の不完全性のために，それらよりも効率的な内部市場形成が必要であったことを強調しているのである。そして市場を内部化しようとする分野では，とくに知識についての市場が最も強いことを強調している。戦前のそれは，「多段階生産工程における中間財製品市場の内部化」，「戦後のそれは知識における市場内部化」によるものであると指摘する[75]。知識の価値を評価するのは最も困難であることから，それが内部価格の設定，つまりトランスファー・プライシングの基礎である。さらにバックレイとカソンは続けて内部化が優位性を持つその他の市場として「腐敗しやすい農産物，資本集約的加工製造業の中間製品，そして埋蔵が地理的に集中している資源などである」[76]という。

知識の内部化は，結果として生産，マーケティングと研究開発との統合をもたらす。とくに研究開発集約型企業の発展においてはそれが妥当する。

---

72) *Ibid.*, p.36. 同訳書38ページ。
73) *Ibid.*, p.37. 同訳書39ページ。
74) *Ibid.*, p.36. 同訳書38ページ。
75) *Ibid.*, pp.59, 61. 同訳書64ページ。
76) *Ibid.*, p.40. 同訳書43ページ。

海外直接投資の一般理論で議論される主要な点は，とくに先進国間で生じた相互投資—投資の相互浸透—を説明することであるが，バックレイとカソンは，それを「知識の内部化」を理由としている。研究開発集約型企業の投資は，「研究に対する政府の支援，より洗練された消費者とのコミュニケーションの容易さ，熟練労働者へのアクセスの容易さ等から企業は先進国に基地を置くことが有利となる。知識を新市場，新しい製品環境に適応させるためのコストから，企業はその発展段階がパラレルな国，すなわち発展途上国よりは先進国に投資することになる」[77]。研究開発集約型企業が多国籍化を促進し，成長する理由は，それが「知識の内部化を通して研究開発に結び付いている」ことからである[78]。

② バックレイとカソンの「その他理論」に対する評価

　バックレイとカソンは，多国籍企業の海外直接投資の一般理論に関する今までの研究で，ハイマーとキンドルバーガーの主張する企業優位性の理論（HK論），アリバーの通貨圏と資本化率説，バーノンのプロダクト・ライフ・サイクル仮説，それに第7節で検討するダニングの折衷理論に対して，それらの理論はすべて市場の内部化理論に包摂できると主張している。バックレイとカソンは，HK論と市場内部化論とはかなりの部分で類似している。しかしバックレイとカソンはHK論との相違点は，以下の4点であると述べている。

　たとえば，①HK理論は企業の優位性（ブランド，マーケティング技能，特許などの保有，資金調達源泉への容易なアクセス，優れた経営管理技能の保有など）が網羅的に取り上げられているが，それらの優位性がどのようにして生じてくるのかの説明や優位性の構築に必要な計画および投資コストなどが無視されている。②なぜこの優位性の資産に投資するのか検討が見られない。投資を評価する場合に，正味現在価値基準によるが，優位性に対する投資から割り引かれた将来利益は，現在と将来の費用を超えたものでなければならないが，企業特殊的優位性に対する最適投資水準を説明することが不可能になっている。バックレイ

---

77)　*Ibid.*, p.61. 同訳書65-66ページ。
78)　*Ibid.*, p.62. 同訳書66ページ。

とカソンは，企業の優位性を，過去に行った投資に対する報酬ととらえている。③HK論は，イノベーションあるいはパテントが何か単一のものであるとの想定を人々に抱かせやすい。バックレイとカソンはイノベーションを行う能力の伝達を強調する。一連のイノベーションのフローを生ずる産業が成長へのダイナミックな動きを作り出す，と指摘する[79]。

またアリバーは，優位性としてその企業の属する通貨圏と資本化率を指摘している。バックレイとカソンによれば，「アリバーの多国籍企業の理論は，それが外国企業の国内企業に対する優位性の探求を目指しているという意味」において，HK理論と関連するものであると指摘する[80]。アリバーの優位性は，個別企業に特有のものではなく，ある特定の通貨圏，地域に本拠を持つ企業に特殊的なものであると論じている。つまりその優位性は，企業特殊的優位性ではなく，国家特殊的優位性であると理解できる。

したがってアリバーの優位性は，その通貨圏に居住するすべての企業に，共通に通貨プレミアムと資本化率が当てはまることになるために，それらの優位性は，個別企業特有のものではなく，その地域全体の優位性を意味することになるために，国家特殊的優位性といえるものになっている。通貨価値の変動による外国為替相場の変化が，海外直接投資に影響を与えるが，その場合にアリバーの海外直接投資論は，親会社と同一の通貨圏内で行われるものと想定されているために，他の通貨圏での投資が全く見過ごされてしまっている。そして親会社への海外利益送金において発生する為替リスクも投資家達には全く考慮されていないことになる。

アリバーの主張する時代（1960年代から70年代初期）のドル高の状況下では，アメリカ企業はイギリス企業よりもイギリスでの資本調達はより容易であったし，イギリスでの資産取得，企業買収もそれだけ有利に行うことができた。アリバーのこうした考え方は，「通貨圏間の海外直接投資の存在と方向を説明するけれども，1通貨圏内の資本フロー，たとえばドル圏内の米国企業の投資，

---

79) *Ibid.*, pp.68–69. 同訳書74–75ページ参照。
80) *Ibid.*, p.70. 同訳書75ページ。

について何事も説明出来ない」[81]。また通貨圏内の相互投資については説明することができない，とバックレイとカソンは批判する。

次に，バーノンのPC論に対するバックレイとカソンの評価を見よう。

バックレイとカソンによれば，バーノンのプロダクト・サイクル理論（PC論）の優れている点は，それが「たえず供給と需要要因の相互作用に，また市場と企業の間のコミュニケーション・チャネルに注意を払っていることであり」，それは今までのどの理論よりも説得的で一貫性を持っていると高く評価している[82]。

しかしながらPC論は，戦前，戦後初期の多国籍企業の成長については正確に説明しているが，その後の新しい状況の変化の中では最早，時代遅れになっていると批判する。つまり「製品は，最早単一の市場に向けて計画され，次いで別の市場に移転されるのではなく，計画着手段階で異なった市場の異なった趣好に適するように計画され差別化されるように」なったと指摘する[83]。そしてPC論の第1段階から第3段階への発展サイクルと各段階における意思決定プロセスは，国際企業が直面する諸問題を過度に単純化しすぎていると批判している。

(2) ラグマンの内部化理論

ここでは，ラグマン（Rugman, Alan M.）の内部化理論Inside the Multinationals：25th AnniversaryEdition, Palgrave, 2006（江夏健一，中島潤，有沢孝義，藤沢武史訳『多国籍企業と内部化理論』ミネルヴァ書房，1983年）を中心に検討する。

ラグマンは，海外直接投資に関する一般理論として，内部化理論が多くの研究者によって認められるようになったと述べている。ラグマンの理論は，内部化理論を外国為替リスク，国際多様化，トランスファー・プライシング設定および多国籍企業の財務機能など，更には多国籍銀行の内部化の意義といった国

---

81) *Ibid.*, p. 71. 同訳書77ページ。
82) *Ibid.*, p. 75. 同訳書81ページ。
83) *Ibid.*, p. 76. 同訳書82ページ。

際企業金融の分野にまで内部化を応用しているところが独特である。

① ラグマンによる内部化の概念

ラグマンによれば，市場の不完全性と内部化との関係を初めて明確に考察したのはバックレイとカソンであったが，カソンによりさらに内部化の理論構築が図られたという。ラグマンによれば，内部化とは企業内に内部市場を作り出すことである。製品や他の価値物の売買価格が成立しにくい欠陥のある不完全市場（正規の外部市場）に代替して，企業の内部市場において内部振替価格（トランスファー・プライシング）での取引により企業活動を円滑化し，内部市場が外部市場と同じように効率的に機能することを可能にすると述べている[84]。

国際市場においては不完全要因が多く，貿易においても多くの障壁が存在することから，それらの国際的な不完全性を多国籍企業の組織に内部化することによって，効率化しようとする多国籍企業の活動はさらに強くなる。

ラグマンは，多国籍企業の成立が，不完全な外部性に対する1つの対応であるという。つまり多国籍企業は，外部性を内部化によって克服するところに形成されるという。「初めから財・要素の完全市場が成立していれば，多国籍企業が発達する理由はなかったであろうし，自由貿易が存在したであろう」と述べている[85]。ラグマンはさらに，「多国籍企業は，自然的外部性，すなわち情報や知識のような要素市場の領域での市場の失敗に対する有効な1つの対応であった。国際レベルでのこの要素市場の不完全性が多国籍企業を生み出す傾向を持つ。とくに興味があるのは研究，情報，知識のごとき中間生産物に対して正規市場を欠いているということである」と指摘している[86]。国際貿易や国際市場においては，研究，情報，知識に関する取引は市場に現れないからである。それらの取引の販売市場や適正な価格も存在しないのである。

「内部市場を持つことにより，多国籍企業は，情報を集約的に用いる材・用

---

84) Rugman, Alan M., Inside the Multinationals : 25th AnniversaryEdition, Palgrave, 2006, p.7.（江夏健一，中島潤，有沢孝義，藤沢武史 訳『多国籍企業と内部化理論』ミネルヴァ書房，1983年，3ページ）
85) *Ibid.*, p.21. 同訳書24ページ。
86) *Ibid.*, p.21. 同訳書25ページ。

役を生産し，流通してゆくことができる。国際的レベルで情報（中間生産物）を効率的に用いるこの能力こそ，多国籍企業が他の国内企業と異なる点である。それが，多国籍企業のもつ海外事業活動における優位性の理由」を説明することになる[87]。

ラグマンによれば，内部化概念の起こりは，ハイマーの学位論文（1976年）にまで遡るという[88]。また「知識市場の不完全性と中間製品市場の内部化との関連を初めて明確に取り扱ったのは，バックレイ＝カソン（1976）である」という[89]。さらにラグマンは，ダニング（1977）についても「内部化概念で構築された対外直接投資に関する最近の文献を統合した，優れた業績である」と評価している[90]。

こうしてラグマンは，内部化が「市場不完全性アプローチを精緻化したものであり，それは，多国籍企業がなぜ国家特殊的優位性よりもむしろ企業特殊的優位性をもつかを説明できる」のであり，内部化が海外直接投資の動因を総合的に説明できるものであると主張している[91]。結論をいえば「内部化理論は，多国籍企業が外部性に対応して内部市場を開発することを説明している。古典派的外部性―知識の私的生産と消散に対して価格を設定する市場メカニズムがない―の場合には，多国籍企業の内部市場により，資産としての情報が効率的に用いられる。多国籍企業は，その外部性を内部化することで，知識や他の中間生産物を支配し，外生的な市場の不完全性を克服できる。同時に，内部化の概念が国際製品市場，労働市場，資本市場の不完全性を含む，他の分野の市場の不完全性にも適用され得る」と結論づけている[92]。

多国籍企業とは「外部性を内部化する企業に他ならない。今や内部化が対外直接投資の一般理論であり，多国籍企業理論の統一パラダイム」であると指摘

---

87) *Ibid.*, p. 22. 同訳書25ページ。
88) *Ibid.*, p. 23. 同訳書27ページ。
89) *Ibid.*, p. 24. 同訳書27ページ。
90) *Ibid.*, p. 24. 同訳書27ページ。
91) *Ibid.*, p. 24. 同訳書28ページ。
92) *Ibid.*, p. 31. 同訳書36ページ。

している[93]。ラグマンの内部化理論の特徴は,「国際企業金融と内部化理論」にみられる。まず国際金融市場の不完全性に注目する。国家間での資本移動には多くの資本統制・規制や課税が政府により課されている。「材・要素市場の不完全性に加えて,金融市場にも不完全性が存在するという認識に立って,国際生産理論を1つの重要な方向に拡張することができる」と指摘する[94]。多国籍企業は,国際金融市場から利益を効率的な方法で獲得しようとして,国際的な金融資産,国際ポートフォリオの編成により,リスク回避を狙う。

多国籍企業は,世界各国で生産活動を実施するが,「安定した国際生産からもたらされる優位性を親会社に移転するために,企業内勘定を用いることができる」[95]。ここでの主要な問題領域は,「多国籍企業の国際多様化,トランスファー価格の設定,ないし財務構造」であり,その場合に多国籍企業の資本コストと財務機能を考慮すべきことを指摘している[96]。

② 内部振替価格設定と市場内部化

多国籍企業が取引を内部化して内部振替価格(トランスファー・プライシング,transfer pricing)を設定して組織全体の利益増大を図ることはよく知られている。外部市場での取引価格,すなわち需給関係により成立する適正価格(arm length's price)とは別に,組織内部の取引価格である内部振替価格を設定すること自体,市場取引の,外部市場の内部化であり,内部市場の形成を意味している。外部市場が不完全であるほど,内部振替価格の設定は多国籍企業にとっては外部市場の不完全性への有効な対応となる。

多国籍企業は,各国の税制度や税率の差異,外国政府による外国為替管理と投資規制などが存在する国際環境の中で活動しているために,すなわちこのような市場不完全性のために高い取引コストを負担しなければならない。それらの外部市場の存在する要素に対して負担すべきコストを回避する目的から,内

---

93) *Ibid.*, p.32. 同訳書37ページ。
94) *Ibid.*, p.56. 同訳書63ページ。
95) *Ibid.*, p.57. 同訳書64ページ。
96) *Ibid.*, p.58. 同訳書65ページ。

部振替価格を中心とした内部取引市場としての内部市場が形成される。

　多国籍企業組織（親会社と子会社また子会社相互間）の中で，生産要素や中間生産物などの取引において重要なことは，知識や情報などの知的資産，無形資産が，外部市場では価格設定が困難であり価格市場が成立しにくい。したがってそれが非市場価格であるために，その企業独自の内部振替価格を設定することになる。

　ラグマンは，内部振替価格が恣意的な数値ではなくて，内部化を機能させるのに必要な適正な企業内部の経営管理上の価格であると指摘する[97]。多国籍企業はまた「内部価格を利用して税率の国際的格差といったひずみを最小化できる」ことを明らかにしている[98]。さらにラグマンは，内部化の財務構造を論ずる場合に，内部化の資本コスト問題に言及している。

　もし多国籍企業が効率的な内部市場を形成しなければ，各子会社は独自の資本コストに対応しなければならない。企業組織全体として個別の資本コストを用いたのでは，全体の利益測定と企業価値算定が困難となる。多国籍企業は，海外子会社の業績を個別に評価するのではなく，多国籍企業全体の収益性を評価・算定する。したがって，そのための財務機能は集権化される。「外国為替リスクに関する情報の統制や，さや取り売買や機能を行う機会の活用のためにも，国際財務管理機能を集権化する必要がある」[99]。そのことにより多国籍企業の業績を組織全体として評価することができる。

　③　**多国籍銀行と内部化**

　ラグマンは，多国籍銀行の国際銀行活動の解明に内部化理論が応用できるという。

　多国籍銀行は，国内銀行とは異なり国際多様化の優位性を持っている中で金融活動を遂行している。その場合に，国際金融・資本市場に関する金融情報の収集が最も重要である。国際金融情報が顧客に提供される金融サービスである

---

97)　*Ibid.*, p.67. 同訳書76ページ．
98)　*Ibid.*, p.67. 同訳書77ページ．
99)　*Ibid.*, p.68. 同訳書78ページ．

から，これらの国際金融情報の統制と管理が多国籍銀行にとって核心となる。まさにそれらの情報の統制と管理が銀行組織に内部化されることになる。

　多国籍銀行には，国内銀行とは異なって，とくにユーロ市場では，その国際金融活動を統制・監督する世界的中央銀行が存在しないことから，各国の制度や規定にそれほど強く規制されることはない。このような優位性は，「多国籍銀行が情報市場──この場合，金融情報──の不完全性を克服できるために内部化原理に増強される。かくして多国籍銀行は，情報利用で企業特殊的内部化優位性を生む」のである[100]。多国籍企業が，国際ビジネスにおいて中間財・要素市場の不完全性を克服するために内部市場を創出するのと同様に，「多国籍銀行は，国際金融市場の不完全性を克服する目的で内部化を利用する」，とラグマンは指摘する[101]。そして「こうした不完全性が生じるのは，各国の資本市場が完全に統合化されていない場合である」と述べている[102]。

　しかし1980年代以降からの金融の自由化，国際化の進展する中では，各国の金融・資本市場の統合化が進んでいる。国ごとの外部市場の不完全性は，統合が進んだことから少なくなりつつあるが，それとは逆に，世界全体の金融統合化が進展すれば，それだけ全体の不完全性，不安が起こってくる。2008年の金融危機の中で，リーマン・ショックにみられるように，システミック・リスクが発生する。それだけに多国籍銀行にとっては，金融情報の収集と分析を進める必要があるといえる。

　ラグマンは，多国籍企業が，外国の財・要素市場で負担する追加的コストよりも，「多国籍銀行が世界資本市場に関する金融情報を収集する方がはるかに安価」であり，従って多国籍銀行は，多国籍企業に比べてより有利であり，リスクが少ないという[103]。多国籍銀行は，内部化の効果と国際多様化の機会を享受できるので，国内銀行および多国籍企業よりも，より有利に活動できると

---

100)　*Ibid.*, pp.72-73. 同訳書82～83ページ。
101)　*Ibid.*, p.73. 同訳書83ページ。
102)　*Ibid.*, p.73. 同訳書83ページ。
103)　*Ibid.*, p.74. 同訳書84ページ。

いう。

　通常の国内銀行は，国内通貨圏に拘束され国内経済の構造上のリスクにさらされているのであるが，多国籍銀行はそれらを克服している。多国籍銀行は，ユーロ市場においては，国内市場のリスクや国内の政府による銀行規制，その国の通貨などからある程度ではあるが，それだけ選択肢が広いだけに逃れることができる。多国籍銀行は，国際多様化に対応して活動領域を拡大し，国内銀行の活動領域以外のところでも，国境を越えて内部市場を形成できる。多国籍銀行は，一方では，国際多様化を進めながら国際金融業務を多様化し，また国際金融市場の統合を進めながら，他方では，金融情報の内部市場を形成し，金融業務の効率処理を達成しているといえるであろう。

7　ダニングの折衷理論

(1)　折衷理論の位置

　ダニングは国際生産において海外直接投資が行われる理由を，資本理論アプローチ，立地理論，産業組織論のアプローチから説明している（*Theories and Paradigms of International Business Activity*, Vol.1, 2002. 本書はダニングの今までの研究論文をまとめた論文集である。本節ではOLIパラメーターに関しては，この論文集を参照し引用している）。

　ダニングによれば，海外直接投資がなぜ（why），どのように（how）行われるのかは産業組織論アプローチで説明されており，またどこで（where）については立地理論で説明されていると指摘する。しかし産業組織論アプローチでは，「所有優位がどこで利用されているのかを明らかにしていない；立地理論アプローチは，外国所有企業が，彼等自身の市場に供給する場合に国内企業と，どのように（how）競り合った競争をするかを説明していない」と指摘してい

---

104)　Dunning, John N, *Theories and Paradigms of International Business Activity*, Vol.1, 2002. Edward Elgar, p.77.

る[104]。この点においてバーノンと彼の仲間のプロダクト・サイクル仮説に関する研究は，独特の価値があるとダニングは評価している。バーノンは，「なぜ」，「どこで」の問いに加えて海外直接投資の理論に「いつ」を論じているからであると述べている[105]。

　しかし，1970年以降，アメリカ多国籍企業の海外直接投資は，製造業を中心に更に進んでいった。ダニングの主張は，もしも以下の3つの条件が充足されれば，企業は海外直接投資を行う原理的な仮説を示すことができるという。それは，①市場において他企業に対して，所有優位性を持つ，すなわち無形資産の所有が特別な独占的地位をもたらすことである。②は，①の資産を外国企業に売却，またはリースするよりも彼等自身で使用すること，すなわち内部化することの優位性である。そして③は，それら①と②の優位性を本国以外の外国の市場で，いくつかの要素とともに利用することの立地優位性である[106]。すなわちダニングは，企業の海外直接投資が行われる条件は，上記の①所有特殊優位性（Ownership-Specific Advantages），②内部化インセンティブ優位性（Internalisation-Incentive Advantages），③立地特殊優位性（Location-Specific Advantages）が満たされたときであると主張する。ダニングは，今までの海外直接投資論の多くの研究が，これら3つの範疇のどこかに含まれると主張する。そしてダニングは，多国籍企業の海外直接投資はこの3つの優位性が満たされたときに発生すると述べている。ダニングは，この3つの優位性を統合して折衷理論（Eclectic Theory）と呼んでおり，またその理論はOLIパラメーターとしてよく知られている。以下それを検討しよう。

(2) 国際生産のための折衷理論

① 所有特殊優位性（Ownershlp-Specific Advantages）

　これは，自社が他企業に対して独自に所有している優位性であって，企業規模，製品や生産プロセスの多角化，労働分野や専門分野の能力，独占力，優れ

---

105) *Ibid.*, p. 77.
106) *Ibid.*, p. 78.

た資源の獲得と利用などが所有されていることである。また企業独自の技術，トレードマーク（パテント，商標登録など），生産管理や組織とマーケティングのシステム，研究開発能力，人的資本と実践経験の蓄積などであり，また労働，天然資源，ファイナンス，情報などの投入にアクセスできる独占性，更には市場参入に対する政府の防衛策が存在することなどである。しかし，これらの所有特殊優位性は，国内企業においても起こり得るものであるが，多国籍企業においては国際市場でさらにその優位性が拡大される。もちろん国際市場では，資本化率の差異や異なった通貨地域におけるリスク多様性に対する企業の対応能力が要求されるという[107]。

② **内部化インセンティブ優位性**（Internalisation-Incentive Advantages）

市場取引と結びついたコスト削減，財産権強化のコスト回避，販売先の購入者の不確実な部分，市場間の価格差などを回避する目的から内部化が行われる。それは，市場の失敗に対する防衛策である。

販売者が製品の品質を保全するための必要性，先物市場の不十分さを補う目的から，また政府の介入（数量規制，関税や価格統制，税の差別化を回避または利用したりすること，製品の販売条件，販路や供給量を統制したりすること），競争戦略として事業多角化で業績を維持したり戦略的な価格設定など実践と結びつくこと，これらのことが内部化の優位性として指摘できる。

③ **立地特殊優位性**（Location-Specific Advantages）

インプット要素と市場の地理的分配，インプット要素の価格，品質と生産性（労働，エネルギー，原材料，構成部品，半製品など）の輸送とコミュニケーションのコスト，政府の介入，輸入品や税率およびインセンティブ，投資環境，政治的安定性などへの統制，さらには商業上，法律上，輸送上のインフラストラクチャー（経済の基礎的条件），また言語，文化，ビジネス，顧客などの違い，生産とマーケティングに関する研究開発の生産集中をもたらす規模の経済，などが立地の優位性をもたらすものである。

---

107) *Ibid.*, p.80.

以上の3つの優位性（所有，内部化，立地）＝OLIパラメーターについては，ダニングの初期の折衷理論の論文を参照した[108]。

　3つの優位性は，相互に関連しており，最初にO（所有特殊優位性）が満たされることにより，次にI（市場内部化）が，そしてL（立地特殊優位性）が達成されると，ダニングは指摘する。ダニングは，この折衷理論（OLIパラメーター）は，すべての国の国際生産のあらゆる形態を説明することができると述べている。さらにはそれらの優位性は静態的ではなく，常に動きがあり時間とともに変化してゆくと指摘する。

8　結　　び

　海外直接投資を伴う多国籍企業の活動は，1990年以降，世界経済のグローバリゼーションの進展によりさらに拡大した。その研究も現在では活発に行われている。本章では，企業がなぜ海外直接投資を行うのかの理論的要因を明らかにすることを目的としたものである。しかしその理論研究は多岐にわたることから，ここではそれらのほんの一部しか触れられていない。多国籍企業の研究は1960年から行われてきたが，その理論分析は，本章で取り上げたハイマーの寡占，企業特殊優位性の指摘以来，盛んに議論されてきた。今日では有形の生産的資産だけではなく無形資産，とくに知識や情報などの知的資産IP（Intellectual property）などの内部化の議論へと展開している。

　海外直接投資や生産，経営の国際化の要因についての理論では，生産，労働，経営組織，技術そしてマーケティングなどの国際化が中心に議論されており，財務的要因はほとんど触れられていない。資本の国際化が議論されることはあまりなく，国際化の要素は資本だけでなく上述した各種の有形，無形資産が中心であるというところに，筆者の疑問がある。既存の理論では，資本は多くの要素資産の単なる媒体としてのみ認識されているからである。海外直接投資

---

[108]　*Ibid.*, pp. 80–81.

は外国への単なる資本の投下ではなく，また各種要素の移動の手段だけではなく企業支配を伴うこと，また直接投資の資金構造が，従来とは大きく変化（再投資利益と利益内部留保の増大）しているところに直接投資の財務的な性格や特質をみることができるのである。つまり利益の内部化が進んでいること，それが海外直接投資の財務的な特性であることを指摘しておかねばならない。

　本章では財務・資本の活動の側面からアリバーが取り上げている資本化率が海外直接投資の要因であることに筆者は興味を持っている。アリバーは，海外直接投資，企業の海外進出の要因が資本化率（割引率）にあることを主張した。資本化率の高い国から低い国へと資本が流れるという主張である。資本化率は現在価値計算において未来収益の割引率として用いられることから，現在価値の多く獲得できる国への進出を説明することができる。このような主張はアリバーや財務論研究者以外の理論ではほとんど見ることができない。もちろんアリバーは現在価値の獲得と海外直接投資の関係を論じているわけではないが，現在価値の増大が投資の決定基準，条件であるという主張は，海外直接投資の要因として十分に説得力のあるものと考えられるのである。

　今日，企業価値の増大が経営の目標であると主張されている。現在価値は企業価値の基礎要素であると理解できるのである。したがって生産や経営の国際化の要因の検討に際しては，さらに資本化率（割引率）の構成内容，現在価値や企業価値と海外直接投資との関連について議論が必要であると考えている。

第3章　多国籍企業における資本と利益

1　はじめに

　海外活動を活発に行う多国籍企業は，今日，超国籍の世界的大企業といわれるまでに拡大した。世界各国に進出していることからその影響力は大きい。多国籍企業の経営思考やそこにおけるさまざまな制度や考え方が同時に各国に浸透して，それが世界標準，国際基準として統一された共通の基準（グローバルスタンダード）とされるようになっている。つまり多国籍企業の行動論理がすべてにおいて共通の尺度として強い影響を持つようになった。今日，国際化基準といわれるさまざまな法制度が浸透していることは承知のことである。コーポレートガバナンスの流行もその1つである。それは機関投資家や大株主が企業に求める行動規範である。

　しかし，それに対する批判も同時に起こっていることは無視できないことである。それぞれの独自性や特殊性が国際化基準のもとで崩されつつあること，世界的大企業の論理が常に優先されて，ますます大企業優位の論理が，共通原則のごとくに運用されている状況に対する批判が強まっている。世界的大企業，多国籍企業の持つ何が問題であるのか，こうした問題を議論し明らかにすることは，多国籍企業の影響力が大きいだけに必要なことであろう。グローバリゼーションのもとでの多国籍企業の行動は，ますます種々変化した多様性（diversity）を持つようになっている。

　多国籍企業の実態を分析する場合に，1990年代では多国籍企業による海外直接投資の急増の要因として，巨大企業の国際的な合併・買収（M＆A）とさら

に世界各国の政府により国家財政難を原因とした国営企業の民営化の増加を指摘することができる。国営企業の民営化は公企業の私企業化（民営化）を意味する。つまりは国営企業の株式会社化であるから大量の株式発行と証券市場の拡大，証券投資，金融経済の拡大を伴うものであった。それに対する多国籍企業の海外直接投資の急増が顕著になったことからである。本章ではアメリカ多国籍企業を中心に海外直接投資の相互浸透と国際的な規模でのタックスヘイブンを利用した課税回避と利益移転との財務戦略を検討している。

海外直接投資は，3つの資金項目から構成されている。ここでは，その投資概念，資金構成の変化を中心に検討している。海外直接投資が，海外間接投資（海外証券投資）とは異なった特質があること，また資金項目においてアメリカ多国籍企業の海外関連会社（海外子会社を含む，以下同じ）では，留保利益と再投資利益（直接投資の構成項目）が増加していること，そのことは親会社による海外関連会社（海外子会社を含む）に対する経営支配がそれだけ強いことを意味している。

多国籍企業は，資本循環の側面では親会社の持分所有を通じて海外子会社への支配を一層強化し，他方では，経営活動の側面においては現地化を進め地域分散を行うという2つの側面を持っている。つまり資本の循環運動の側面では，親会社への利益と経営支配の集中，そして経営活動の側面では現地子会社への分散化（権限の分権化）という2つの側面を遂行していることを理解しておく必要がある。本章ではとくに支配集中の具体的現れである海外直接投資の資金構成と利益留保の現状を中心に分析している。

2　多国籍企業の資本循環

(1)　資本と労働

企業活動が成立する基本的要素は，資本と労働である。企業経営はその資本と労働の相互の関係，相互の影響によって成り立っている。資本の増加のため

には，その源泉としての労働力の活動が必要である。生きた価値としての労働が存在して初めて利益が創出され，それが資本の源泉になる。したがって，その場合に労働要素が基本であると考えることができる。生命体である生きた価値としての労働能力が基本であることは間違いのないところである。労働による安定した価値生産の活動が，より多くの利益，そして資本を生み出すと考えることができるからである。

企業活動は，個別資本の循環運動である。その循環運動は絶えず繰り返されて価値増殖を展開している。個別資本の基本的な循環形式は次のようである。

図3－1　個別資本の循環の一般的形式

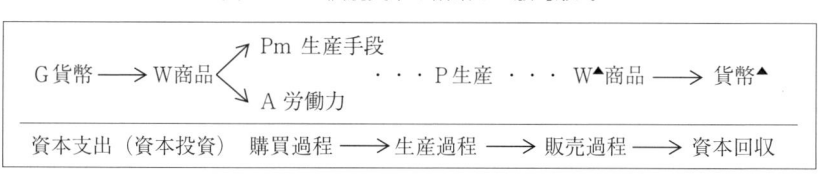

G貨幣 ── W商品 ＜ Pm 生産手段／A 労働力　・・・P生産・・・W▲商品 ── 貨幣▲
資本支出（資本投資）　購買過程 ── 生産過程 ── 販売過程 ── 資本回収

上式はよく知られている個別資本の循環形式であるが，利益が生産過程の中で創出されW▲商品が販売されることを前提とすれば，より多くの貨幣▲を，つまりより多くの利益を伴って貨幣が回収される。それは貨幣の投資から始まり貨幣の回収で一循環が終わるが，それが次の貨幣の投資に回ることによって資本の循環が絶えず繰り返されてゆく。利益を伴った貨幣▲の循環は生産の結果，労働力の投入の結果に発生することは図3－1から明らかである。購入された価値物よりも大きな価値すなわち剰余価値が生産過程で創出されたことが利益の根源である。したがって質の高い（良い）労働力の存在がより大きな利益を生み出す可能性があることが明らかである。

それは，国際化した多国籍企業においても同様である。多国籍企業においては，資本投資が国境を越えて分散されて行われる。また貨幣の種類が複数通貨での投資になるために，国内企業とは異なる財務処理が必要になる。各国の金利差が金利リスクを，外国為替相場の変動が為替リスクを伴ってくる。さらには各国の投資家の要求利益率としての割引率など，その資本化率や資本コストの国別差異を考慮して割引計算をして投資利益の現在価値を算出して投資判断

をしなければならない。しかしながら利益の源泉が労働力にあることには変わりはないが，経営活動で消費する資金コストに加えて投資家の要求利益率（資本コスト）や為替差損益が利益に影響する要素に含めて考えなければならない。

つまり利益とその転化した形態としての資本の創出の源泉は，労働と生産の活動であることから，いかに労働の質を高めるかが経営者の課題となる。企業経営において労働の質をどのように継続して向上させるか，またどのように安定した雇用，労働の環境，生産機構を保証するかは，企業経営の主要な課題であり経営者の最も重要な職務である。そのことが企業目的としての利益そして資本獲得に結び付くからである。それは企業経営の目標として今日強調されている企業価値向上と深く関連することになる。安定的な労働環境と生産の基盤があって，その上に利益と資本創出が実現するのである。資金コスト削減のために，労働力，労働者の削減や労働のリストラは，一時的な単年度の救済措置であって，企業の長期的な持続的成長を損なう結果になると考えねばならない。

すなわち労働，利益，資本という三者の関係は連続しながら関連性を持った構造で展開されるものである。このことは企業経営が国際化し多国籍企業へと展開した段階においても変わるものではない。多国籍企業の活動は，国内企業の販売活動や市場の海外延長だけの意味ではなく，本格的な国際化は価値生産と剰余労働の基盤である生産過程，生産活動の海外移転であり，それが海外直接投資の具体的な姿である。本格的な多国籍企業の姿は，労働と生産活動の国際化した段階であると考えることができる。

企業経営の国際化を論ずる場合に，第二次大戦までの資源獲得のための企業の海外進出を取り上げることが多いが，それらは，先進国による発展途上国の植民地支配と結びついたものである。企業レベルではそれは購買活動の海外延長であって，生産の国際化ではない。また販売市場を求めた海外進出は販売過程の国際化であり，それらはいずれも流通過程の国際化として位置づけられ，いうなれば国際化の第1段階といった形態である。

多国籍企業の本格的な国際化は，既述の如く利益そして資本創出の源泉である労働過程を含んだ生産過程の海外移転によって展開される。企業経営におい

ては具体的にはそれが，工場，生産活動の海外移転，つまり海外製造子会社の新規設立や他企業の合併・買収（M&A）形態で行われる。それが海外直接投資の具体的な形態である。価値生産の海外への拡大がグローバリゼーションの進展，国際企業間競争を一層促進させることになった。すなわち労働の価値生産による資本増殖プロセスが国境を越えて行われていることこそがグローバリゼーションの内実である。

(2) 生産と資本の国際化

　多国籍企業の海外直接投資は実物資産の投資形態が多い。したがって多国籍企業は，受入国経済（host country）の中で現実資本の運動を継続的に繰り返しながら価値増殖・生産の機能を果たすことから，受入国の経済成長と輸出に，また雇用増大に貢献するという機能を一面では持っている。

　しかしその投資の目的と性格は，既述の如く相手企業を所有すること，またその経営権を支配するという会社支配の目的を含んでいることを理解しておかねばならない。相手企業への出資や合弁事業，共同出資の場合にはとくに利益の分配，親会社への利益送金をめぐって受入国や相手企業との対立と軋轢が生ずることがしばしば表面化している。

　また多国籍企業と受入国政府との間で，多国籍企業の現地での行動が受入国利益に反する場合には対立が生ずる。また現地通貨の価値下落の際には，現地政府により親会社への利益送金が規制される。とくに政治体制の変動の時は，企業財産の収容措置が強行されたりする。国家と多国籍企業との対立と軋轢が生ずるのは，海外直接投資が受入国経済に深く組み込まれて，海外関連会社（海外子会社を含む）による受入国の経済構造への影響がそれだけ大きくなったことと，逆に受入国が多国籍企業に富，価値生産の多くを依存せざるを得なくなったことを意味している。多国籍企業の資本循環に受入国経済が依存する，せざるを得ない構造が創出されていると理解することができるのである。

　多国籍企業とは，このように生産と資本の国際化を促進して資本蓄積の機構を幾重にも重ねた巨大な株式会社である。その活動原理は企業体の利益を極大

化する方法はとらない。親会社の利益が極大化するように，そして企業組織全体の価値を向上させるように親会社による各子会社，関連会社への総括的管理が実施される。例えば，ある子会社の利益を犠牲にして全体の利益，すなわち本社の利益極大化を優先させる利益移転の財務戦略を実行する。

　典型的にはトランスファープライシングを使って高税率国の子会社利益を低税率国の子会社や本社へ移転する方法がとられる。これは低税率国の子会社または本社が，高税率国の子会社へ製品や部品などの中間品を適正価格（arm's length）よりも高い価格で販売し，低税率国の子会社，または親会社へ利益の移転を図る，あるいは逆に高税率国の親会社が，低税率国の子会社，関連会社から適正価格よりも高い価格で生産財，中間財を購入して本社利益を海外子会社，関連会社へ移転したりする。こうした利益移転の財務操作を行い企業体全体の税負担を軽減し利益の内部留保の増加を図ることができる。この結果は当然に親会社の株価極大化，株主価値の増大に繋がるであろう。

　もちろん近年では，こうした利益操作に対して，アメリカや日本では移転価格税制を課すことにより合算課税方式（ユニタリータックス）がとられており，多国籍企業の脱税行為を禁止する措置がとられているが，しかし依然としてトランスファープライシングにより価格設定の不明確さが常に問題になっている。とくに今日ではIPなどの知的財産が無形資産であることから，なおさら市場価格が成立しにくいことから，その取引がIT産業を中心に問題となっている。適正価格といっても市場価格が存在しない場合には，多国籍企業自身による価格設定が行われるために，基準となる価格が存在しないときにはなおさらその価格が適正であるか否かの判断がつかないという不明確さが存在しているのである。

　多国籍企業は国際経営活動においては経営上の権限の分権化と同時にその集権化を実施する。集権化を強めればそれだけ分権化が可能になる。この時の分権化は，現地化をより一層強めるときに必要となる。経営活動が国際的に分散していることと受入国に浸透するためには必ず現地化のために権限の分権化が必要である。しかしながら分権化だけでは国際経営活動の統制が取れなくなる。

そのためには権限の集権化が必要である。利益，費用，投資，重要人事に関する財務と関連する権限は集権化の形態がとられる。とくに海外子会社の利益移転と投資などは親会社支配の下に集権化されねばならないであろう。

経営活動の国際化の進展は，一方では現地化目的から権限の分権化を実施し，他方では企業の意思決定の中枢事項に関しては権限の集権化の度合いを強める。そのことにより初めて国際的に分散された活動が可能になる。このことは海外子会社に対する所有と支配の構造が分散されることを意味しているのではない。それは強大な単一国籍の独占的企業の管理下に資本と支配の集中が行われるようになる。換言すれば親会社への権限が強まればそれだけ，他方では国際活動にとり必要な現地化のための分権化を推進することが可能になる。

企業の国際競争が激しくなる中で，多国籍企業において分権化と集権化が進みその組織構造の二重化が促進されている。その財務活動も既述した如く，同様に二重性を含んで展開されているのである。アメリカ多国籍企業は海外子会社に対しては常に持分100％の完全所有を志向する傾向がある。さらに多国籍企業はすでに述べたようにその資本循環運動に，異種通貨を含んでいることから，資本管理においては単一の通貨に統合する必要がある。それは本社の統一した意思の下で資本の集中管理が実施されることになる。その国際活動の業績評価を行う場合に，各国の通貨で活動している子会社利益を本社の通貨へ統一しなければならない。1973年以降の変動相場制からは，外国為替レートの継続的な変化に対応するためには本社統一の通貨管理方法を強化している。外国為替のリスク管理方法は，国際経営財務の基本領域になっている。とくに外国為替変動の予測とそのリスクヘッジでは多国籍銀行との連携した財務方法が必要である。そのために多国籍企業と多国籍銀行のリレーショナルな関係が確立されている。

通貨はそのままでは貨幣資本として存在している。資本の国際化とは，多国籍企業が貿易や資本投資において各種の外国通貨を利用すること，それが国際金融市場で調達され世界各国で利用されることを意味している。またその通貨交換の市場として外国為替市場が通貨の国際化の領域を拡大する。通貨また貨

幣はそのままでは価値を生むわけではない。それが企業に投資され現実の企業経営の中で価値生産のために利用されたとき，それは資本に転化する。したがって資本とは，価値生産のために現実資本に投資された貨幣であり，経営活動に投資されて利益を伴って，再び貨幣形態で復帰するまで現実資本として循環を繰り返す。国際経営では資本は海外へ投資され国際市場でその循環運動を繰り返す。

　多国籍企業は，資本の国際的な循環形態である。もちろん資本の循環には，資本と支配の集中・集積の性格が内在している。多国籍企業は複数の国で活動を行う形態であるが無国籍な形態ではない。厳然と国境があり国籍がなくなるわけではない。資本の活動領域が国際的に拡大すればするほど，それは単一の国籍に，すなわち本国の親会社に統一されることになる。海外の利益も親会社取得分があり，その所有は経営活動が国際的に分散すればするほど，親会社からのコントロールが強まることになる。そのことにより全体の統一性が強化され，本社による強い国際的戦略が組まれる。

　経営の国際化，国際ビジネスにおいては，常に国際化の意味が商品や生産，技術，そして人間のクロスボーダーの移動として取り上げられる。しかし，いま一方の主要な要素としての資本の国際化，国際資本市場における資本循環の問題が国際経営において取り上げられることはまれである。資本と労働が二大要素として経営が成り立つこと，それに企業成長は，資本と労働，そしてそれ以外の経営要素の拡大であることを考えれば，経営活動が資本循環を基本とするものであると理解しなければならない。グローバリゼーションとは，人や商品，技術の自由な国際的移動を意味するだけではない。その根底にあるのは資本が国際的に移動する，つまりクロスボーダーでの資本の投資と回収があり，経営活動はそれに律せられるということである。国際活動では複数通貨が利用される。海外活動では，ドルをはじめポンド，元，ウォンそして2000年以降からは単一通貨ユーロなど，相手国の通貨を使用する。したがって外国為替市場が取引の決済において重要となる。

　外国為替市場と国際資本投資の規模全体は，それぞれに貿易の中の商品の輸

第3章　多国籍企業における資本と利益

出入の規模よりも大きくなっている。通貨の価格は常に変化することから企業は常に通貨リスクに直面している。調達された通貨は，貨幣資本として集められて，それが実物資本としての企業経営に投資された時に，それは資本に転化する。それは現実資本として価値増殖運動を展開するが，その価値生産過程の運動が終わった時に，再び元の貨幣資本に復帰する。外貨を投資していた場合は為替レートの変動により差損益（エクスポージャー）が発生する。

　多国籍企業では，既に述べたように複数通貨を利用して国際活動が営まれるために外国為替相場の変動は，現実資本の資本循環に直結する問題となる。輸出で成長してきた日本企業にとっては円高は経営を圧迫する。相手企業の通貨に対して円高であれば，支払いは少なくてすむが，円安への転化は逆に多く支払わねばならない。外国為替市場では，各種通貨のレートは常に変化してリスクを伴っているので，多国籍企業は先物予約など事前に為替レートを予約しておく方法が古くからとられている。

　国際ビジネスにおいては，企業は常に交換可能で利用範囲の広い通貨を所有すべきであるが，それは通貨価値が強く安定した通貨である。貿易では利用範囲の広い通貨はアメリカドル，日本円，単一通貨ユーロである。2010年以降，アメリカ経済の停滞とヨーロッパ経済の不況は，政府の財政危機を主要な原因としており，アメリカドル，単一通貨ユーロともに円に対して価値下落を起こしているために，日本円のみが安定性を理由に不況下での円高になっている。不況下での円高に対応する日本企業の財務戦略は，輸出不振の中で収益性を増大させるためには，ますます海外進出による海外売上高，海外利益の獲得に邁進するようになる。2011年度では日本企業は利益の50％以上が海外から獲得されている。

　外国為替レートがどのように決定されるかは複雑な要素が重なり合うが，「通貨の価格，為替レートは，需要と供給により決定される。通貨供給量が多ければ，また通貨の需要が少なければ通貨の価格は低い。逆の場合には通貨価値は上昇する。通貨価値の需給に影響する主要な要因は，金利，インフレーション，市場心理，それに政府の行動である。その国の高い金利は国内へ投資

95

をひきつけて，その国の通貨需要を増大させるために，その通貨価値を上昇させる」[1]。

(3) 経営国際化の動機とグローバリゼーション

企業が海外進出するのはどのような動機に基づいているのであろうか？その企業のおかれた環境によってそれは異なる。労働コスト，輸送コスト，技術や企業資源の海外での有効利用（資源最適配分利用），技術ノウハウの取得などさまざまである。ここでは，Cavusgil, KnightそしてRiesenbergerが指摘している9つの動機を整理しておこう[2] (S. Tamer Cavusgil, Gary Knight, Jhon R. Riesenberger, *ramework for International Business*, Peason, 2013, pp.10-11)。

a）市場の多角化による成長機会の探索。国内市場とは異質な海外市場への進出は，それだけ成長の機会が多くなる。たとえばGillette, Siemens, Sony, Biogen等，多くの多国籍企業は，利益の半分以上を海外市場で獲得している。b）より大きなマージンと利潤獲得。海外でそれほど企業間競争が強くないが，市場需要が多い業種，たとえばバスルーム備品製造業（例：アメリカン・スタンダード社は，本国よりも海外市場で大きな利益マージンを指向する）。c）製品やサービスおよび経営方法に関する新しいアイデアの取得。海外でのビジネス経験は，日本のトヨタの精錬されたJust-in-timeの在庫管理技術など組織効率性の改善の新しい技術を学ぶことができる。d）日本のように企業経営が集団化された企業間関係の場合には，親会社の海外進出によって系列下の中小企業も部品の供給業者として同時に進出する。日産が最初の工場をイギリスで稼動させたときに，多くの部品供給業者の海外進出が起こった。e）グローバルな供給源泉に接近できる有利さからの利益，製品供給源の柔軟性を獲得すること。石油業，鉱山業，森林業などの会社は資源のあるところで国際活動を行う。たとえばDell Computerは，アジアやヨーロッパに組立工場を持ち，そして競争者より

---

[1] Cavusgil, S. Tamer., Knight, Gary& Riesenberger, Jhon R. Framework *or International Business*, Peason, 2013, p.106.

[2] *Ibid.*, pp.10-11.

も有利な，そして精巧に為替レート変動を管理できるアメリカに組立工場を持つ。f）低コストまたはより価値のある製品要素に接近すること。低い資本コストのためにアメリカに子会社を設立する。より一般的には企業は，低い労働コストや技能の追求を求めて海外でベンチャーを行う。g）供給，生産，マーケティング，そして研究開発において規模の経済を発展させるため。産出量1単位において，より大きな生産量，低い総費用など。規模の経済は，また研究開発，供給，マーケティング，分配および売り上げ後のアフターサービスに存在する。h）より効果的な国際競争者に直面すること，または本国市場において競争の増大を防ぐこと。土木機械会社コマツのライバル企業であるキャタピラーが日本に参入した1970年初期には，少なくとも10年間，コマツの国際的拡大を防ぐことができた。i）外国人パートナーとの潜在的な価値ある関係に投資すること。外国企業と合弁事業を行うことから外国の市場を長期に獲得することができる。たとえばフランスのコンピュータ会社（Group Bull）と日本の東芝とのパートナー関係により次世代情報技術開発を行うなどである[3]。

(4) グローバリゼーションの推進要因

　世界市場のグローバリゼーションが1990年以降から進んでいるが，Cavusgil, KnightそしてRiesenbergerは，その推進要因として5つ指摘している[4]。

a）　貿易と投資に対する障壁の縮小。工業製品などの輸入において関税や貿易取引に課される障壁が世界的規模で市場のグローバル化が進む中で縮小されている。貿易取引や関税障壁の基準が世界的機関であるWTOなどにより世界的に統一化の方向にある。

b）　自由市場（市場経済化）の拡大。既述の如く，1989年のソ連邦崩壊，同年のベルリンの壁破壊，さらには90年以降の中国経済の自由化への改革は，旧社会主義の計画経済を自由市場へと統合していった。東アジア，とくに韓国，マレーシア，インドネシアそしてインドは，すでに自由市場への経

---

[3]　*Ibid.*, pp. 10–11参照。
[4]　Cavusgil et al. 2013, pp. 12–13.

済改革をめざしていた。旧社会主義国の国有企業（State-Owned Industries）の民営化が進み，それらが，国際貿易と資本投資に拡大の機会をもたらした。

c）工業化，経済発展そして現代化。東アジアだけでなく，ラテンアメリカ，それに旧ソ連から独立した東ヨーロッパ諸国の急速な経済発展は，いままで以上に市場の拡大をもたらしたことから，エレクトロニクス，コンピュータ，そして航空機など高利益のプレミアム製品を提供する供給業者やそれらの輸出業者の競争を複雑なものにしている。それらの国々の人々の生活水準の向上，所得の増大をもたらし国民総所得（GNI = Gross national income）を向上させた。それらを可能にしたのは，現代技術の採用や生活水準の改善であるが，これらの新興市場の拡大が企業や銀行にとって魅力のあるものになった。

d）金融市場の世界的統合。国際的に活動する商業銀行，とりわけ多国籍銀行による国際的ネットワークの形成と金融市場の世界的な統合化は，多国籍企業の資本調達や融資，支払いさらには外貨取引など財務活動に関する業務と関連する。

e）技術の発展。情報技術をはじめ技術の発展はクロスボーダーの貿易と投資を著しく促進する。製造や輸出，輸送において新しい技法を生み出して，企業の国際活動をさらに促進する。企業経営において技術の優位性を持つことは，激しい国際企業競争の中で比較優位となる。

以上の要因は，Cavusgil, KnightそしてRiesenbergerによるグローバリゼーション推進要因である。多国籍企業は，こうした国際環境の中で国際化戦略を考えねばならないが，それはおのずと国内市場におけるそれとは異なった次元が追加されていることを認識することができる。

グローバリゼーションは，一方では市場が世界的に統合されて統一化，同質化の方向が進む。しかし，他方では各国が近隣諸国と連携して地域ブロック化を形成して自国の経済発展を図ろうとする。すなわち統合と分割（分化）が同時に進行する。世界的な統合化，同質化が進めば進むほど地域ブロック形成の

指向が強まる。グローバリゼーションの進展は、一方では国際的な規模で各国の市場統合をもたらすと同時に、他方ではそれとは反対に地域ごとに経済ブロックが形成されるという地域経済化が進んでいる。地域経済化(regionalism)とは、地理的に近隣諸国が、貿易と投資に対してお互いに障壁を取り除いて提携や共同、協調を結ぶことにより形成される。今日では、世界貿易の50％以上が諸国間で結ばれた地域経済ブロックの貿易協定の下で行われている。

　代表的な地域経済ブロックは、ヨーロッパ最大のEU（欧州連合；European Union）と1994年に設立されたカナダ、メキシコ、アメリカによるNAFTA（北米自由貿易協定；North American Free Trade Agreement）である。地域統合を行う目的は、企業の市場規模拡大と生産性の強化であり、国家の経済力を相互に増進することである。また地域外から直接投資を誘引し、地域内の企業活動を活発化して国の発展を図ることである。EUはメンバー国相互の経済発展のために加盟16カ国はすでに通貨統合を実施して、単一通貨ユーロ（the euro）がヨーロッパ圏で流通・循環している。それは、「ますますヨーロッパの金融機関がEU内部で支店を設立し、銀行サービス、保険、貯蓄性金融商品、そしてブロック内で活動する企業に投資と貿易が容易にできるように」している[5]。

　またアジア地域の経済ブロックでは、1967年にインドネシア、シンガポール、タイ、フィリピン、マレーシアの5カ国により設立され、その後ブルネイ（86年）、ベトナム（95年）、ラオスとミャンマー（97年）が加盟して形成されたASEAN（東南アジア諸国連合；Association of South-East Asian Nations）がある。これは、東南アジアの政治的安定を維持しつつ、メンバー諸国の経済的、社会的な発展を図ることを目的としている。さらに日本、アメリカ、中国、韓国とASEANを加えた多数国から成るAPEC（アジア太平洋経済協力会議；Asian Pacific Economic Cooperation）が主要な地域経済ブロックである。

　これらの地域経済ブロックは、貿易と投資に関して相互に障壁を縮小して資本と商品、技術の交流を自由化することを狙いとしているが、EU以外の経済

---

[5] *Ibid.*, p.18.

ブロックは全て統合されたのではなく貿易と投資の自由化をはかることで協定を結んでいる。しかしEUはより強い一体化，統合を目指しており，通貨統合を行っている。国際化，統合化を考える場合に注視すべきことは，国際市場では資本の国際的な循環の規模が海外直接投資の増大により，2005年以降急増し始めていることである。今日では海外直接投資額と外国為替市場の総額，さらにデリバティブ取引額は，貿易の輸出額と共に拡大を続けている。したがって資本の循環と流通は，市場規模や金額の巨額化だけではなく，企業活動の根幹に関わることを理解しなければならない。世界では150種以上の通貨が取引されていることから，通貨取引や決済，資本調達において異種通貨の交換の場である外国為替市場と為替変動のリスクや国際的な企業活動と通貨のクロスボーダーの取引は国際経営財務の主要な領域である。

　つまりグローバリゼーションは，市場の統合化，同質化の中に地域化，異質性を生み出して進行しているということである。これは国内市場では起こり得ないことであるが，多国籍企業は，世界的統合・同質化と地域性・異質性という，相反する要素を含んだ国際市場に対しての国際財務・経営戦略を考えねばならない。国際経営財務の戦略は，本社（親会社）への集権化と各地域や海外子会社への分権化の財務戦略を行う。国際的な規模で生産と販売の経営活動が，世界的に拡大すればするほど，それらの現地化の必要性が高まってくる。したがって生産，マーケティング活動に関する権限が地域経済ブロックに分権化される一方で，利益，費用，人事，利益分配（配当政策）などの会社全体に関わる資本の流れの財務活動が，本社へ集権化される。それ以外の財務事項は，特に分権化，地域分化への方向が強くなる。国際経営財務活動においても巨額な資本調達，資本支出，外国為替取引や金融デリバティブ取引，国際予算編成，親会社への利益送金，現地への留保利益と再投資利益の決定，配当政策などは本社のコントロールで集権的に行われるが，日常的な資金繰り，現地通貨調達，運転資本の管理問題などは，海外子会社へ権限委譲されて地域化および現地化を進めて，すなわち分権化の財務戦略が実施されることになる。

　このように財務戦略は，統合と分割の戦略を組むことにより，国際的に分化

した巨大な組織を統率する。現地化や地域化の必要性が高まればそれだけ，全体を統合する目的から数字・数値によって全体を統合することにより国際企業競争に対応するという戦略がとられる。活動権限の現地化，地域化（分権化）だけでは，国際企業競争には対応できないのである。現地，地域への対応はますます重要であるが，それだけに全体を収益性の側面から統一する必要が強くなる。それが財務権限の本社への集権化であり統一化である。さらにまた多様化・巨大化した地域ブロックを統制するために，地域統括本部という財務組織の役割が一層強くなっている。

3　グローバリゼーションの本質と金融資本主義の挫折

　グローバリゼーションの中での多国籍企業の特徴は，後に検討するところであるが，特に2000年以降から海外直接投資が変化したことである。海外直接投資は先進資本主義国間，とりわけアメリカとヨーロッパ，そして日本の三極間での投資の相互浸透から，現在では発展途上国から先進国への直接投資が増大し，社会主義国，発展途上国の多国籍企業の巨大化が著しくなっている。90年代までの投資の流れとは明らかに異なった投資環境であり，その中で，多国籍企業間でのクロスボーダーの大型M＆Aが活発に行われている。

　企業の海外進出は，国内市場の狭隘化により企業間競争が一段と強くなる中で，その存続をかけた企業戦略である。リスクの高い不慣れな海外への進出と巨額な海外直接投資は，不確実性を含んだリスクの高い投資行動である。それだけに精緻な数量的計算を駆使した投資計画，外国為替相場予測とリスクヘッジが財務戦略として構築されるようになる。企業経営はますます利益極大への投資行動をとるようになる。コーポレートガバナンス問題も企業のそのような営利性一辺倒の投資行動に対する警鐘として生まれてきた概念である。

　国際化に変わってグローバリゼーションの用語が使われるようになったのは1990年以降からであるが，グローバリゼーションの本質が議論されることは殆んどないであろう。通常は，資本，人間，商品や技術，それに情報などの経営

資源が自由に国境を越えて移動できる情況と理解されている。規制や障壁が削減され日常生活の領域まで国際化が進んだ現代社会のことと理解されている。もちろんそれらのことは事実として目にすることである。しかしそれは，事実ではあるがグローバリゼーションの内実，本質を理解したことではない。世界経済は，1990年以降から構造的な変革が進んだ。企業の巨大化と相互の進出の増加だけではなく，それぞれの国が経済競争と企業競争を一段と強めたこと，国の経済成長と発展を国民に保障して，国民の経済的な豊かさを増進することが国家の役割とすることを一層強めたことである。そのために各国は経済競争と企業発展に邁進する。すべてが企業拡大を目標とし，そのために競争が一段と強まったことである。

　しかしそれだけではなく，いま一方の要素として資本の自由化，国際化があることの認識が重要である。つまり先進国の国際金融・資本市場の拡大がグローバリゼーションを支えてきたことである。海外直接投資により企業の拡大成長が達成されるのであるが，他方では海外証券投資が増大する。また貨幣市場の国際的な拡大により外国為替市場における為替取引が変動相場制の中で拡大を遂げている。グローバリゼーションは，この2つの国際化（実物投資の国際化と金融資産投資の国際化）を含んでいることが，単なる国際化（Internationalisation）とは異なっているのである。国際経営財務論の研究は，第1章で明らかにしたように2000年代の研究が最も多く，内容も多彩である。その傾向は金融・資本市場の変動に対する財務対応策とそれに関連したリスク管理といった企業の外部市場との関係が強い。

　企業環境は，2000年以降からますます金融・資本市場との関係が深まっている。そのことは金融・資本市場の変動が直接に企業経営に影響するということである。グローバリゼーションは，現実資本の運動が，擬制資本の運動，金融経済によって規制される，影響を受けるという，転倒した様相を呈していることが，これの矛盾するところである。本来ならば，金融経済は現実の生産経済を促進する機能を果たすのがその姿である。企業の活動を促進するために金融・資本市場があるが，それが，転倒した形で現れているところに今日の金融

経済中心のグローバリゼーションの持つ構造上の矛盾がある。個別企業レベルでいえば，株価極大化目標，株主価値（利益）至上主義は，擬制資本中心の，またそれの増大を目標にした企業経営であることを意味している。本来は，生産，現実資本の循環を円滑に促進させるための資本や金融経済であるものが，それ自身の蓄積と拡大が目標になるということ事態，矛盾であるということである。

巨大企業，機関投資家や金融機関をはじめとして，資本投資が金融資産投資へと偏重し，華々しいほどに財務革新技術の開発が，金融・資本市場を拡大させている。デリバティブ，為替投機など短期投資が繰り返されて，金融利得を取得するという投資行動が，営業利益の減少の中で追求されたことである。金融市場から調達された資本が再び金融市場に投げ返されて，短期的な売買から金融利得の獲得が繰り返されていたことが挫折を現している。短期的な売買が繰り返されて始めて金融利益が実現できる。そして金融資産価格の下落，バブルの崩壊が短期売買を崩していく。経済の低迷期では，長期投資ではその利益率が低下するために，短期の売買の繰り返しが行われる。国際競争が強いグローバリゼーション下での経営では，一層，ビジネスが短期的になっていくことが挫折の1つの現れである。

このような企業経営と投資行動に対する批判として主張されてきたのが，コーポレート・ガバナンスである。それは，いかに企業経営を律して，健全な経営を保証させるか，そのための組織を企業内部にどのように構築するか，という議論である。しかしながらそれは，一面的，表面的な理由であって，いかに機関投資家や株主の利益を擁護できるか，そのための理論であることがその本質である[6]。もちろんステークホルダーの重要性が日本やドイツ，そしてフランスで強調されているが，ガバナンスによる経営の効率性の維持は，投資家

---

6) 機関投資家の台頭する金融・資本市場において，コーポレート・ガバナンスの議論が盛んに行われている。株主価値重視経営の再考とコーポレート・ガバナンスの関係を取り上げている研究では，丑山優，熊谷重勝，小林康宏編『金融ヘゲモニーとコーポレート・ガバナンス』税務経理協会，平成17年，が詳しい。

の利益を保証する理論であることを認識しなければならない。市場が企業の評価主体であること，すなわち株価が企業業績の評価基準であることが投資家の利益保証を意味しているからである。

4　海外直接投資と多国籍化の指標

(1)　多国籍化の基準

　海外進出する企業が，多国籍企業といわれるようになったのは，1958年のEEC成立以降からであることは既に指摘した。第二次大戦終結後，西ヨーロッパではEECが形成されたことにより，アメリカ企業が市場拡大の目的から大量に西ヨーロッパに進出したことが多国籍化の始まりであった。EEC域内の高い関税を回避するために，西ヨーロッパに多くのアメリカ多国籍企業が製造・販売子会社を設立したことがその始まりであった。それ以来，とくに1970年以降から先進国を中心として海外直接投資が相互浸透して巨大企業の国際化が著しく進んだ。また1990年以降は，アジアへの企業進出も拡大して，経営のグローバリゼーションが一層進展した。とくに「アメリカ，ヨーロッパそして日本とアジア諸国」の三極地域で海外直接投資の相互浸透が拡大した。

　経営の国際化は，第一段階として輸出入の貿易を中心としたものであった。やがてそれに加えて企業の海外進出が増大する。これは海外直接投資の増加によるものであるが，1990年以降から企業の海外進出の増加によって，輸出入の貿易による国際化から企業の海外進出による国際化へと変化したという主張が見られる。しかしながら海外直接投資による企業の国際化が貿易に取って代わったのではない。世界全体の輸出額は，海外直接投資よりもフローであっても，はるかに大きな輸出額であり，ますます輸出入の貿易拡大がグローバリゼーションを進展させている。表3－1がそれを示している。

　表3－1では世界の輸出額（フロー）について，1991年から2013年までを示している。2002年以降からの輸出額は増加して，2009年には若干の低下を示し

たが，2013年には世界全体の輸出額は，18兆4,790億ドルに達し，1991年と比べれば5倍以上の増加である。この間，先進国の輸出は4.25倍であるのに対して，発展途上国からの輸出は，実に7.7倍と増加した。発展途上国からの輸出が発展途上国の経済成長とともに増大したことが明らかである。

他方，海外直接投資は，2013年では世界全体で1兆4,110億ドルであり，1993年と比べれば5.7倍の増加であった。先進国では，同年比で4.1倍，また発展途上国では約12倍の増加である。それは2004年以降から経済成長を遂げた発

表3-1　世界の輸出額（フロー）　1991年－2013年

（単位10億米ドル）

国／年号	1991	1992	1993	1994	1995	1996	1997	1998	1999	2000	2001
世界の輸出額	3534	3764	3768	4287	5129	5351	5538	5450	5640	6363	6127
先進国	2502	2651	2597	2914	3470	3564	3643	3671	4368	3998	3872
発展途上国	1032	1114	1171	1373	1659	1787	1895	1779	1272	2365	2255

国／年号	2002	2003	2004	2005	2006	2007	2008	2009	2010	2011	2012	2013
世界の輸出額	6385	7463	9112	10425	12104	13871	16001	12399	15088	18013	18086	18479
先進国	3985	5412	6413	7017	7911	9004	9994	7822	9233	10696	10503	10646
発展途上国	2400	2061	2714	3431	4225	4904	6058	4615	5906	7383	7659	7938

資料：UNCTAD, World Investment Report，およびIMF, International Financial Statistics. 1992年より2012年の各号を参照。

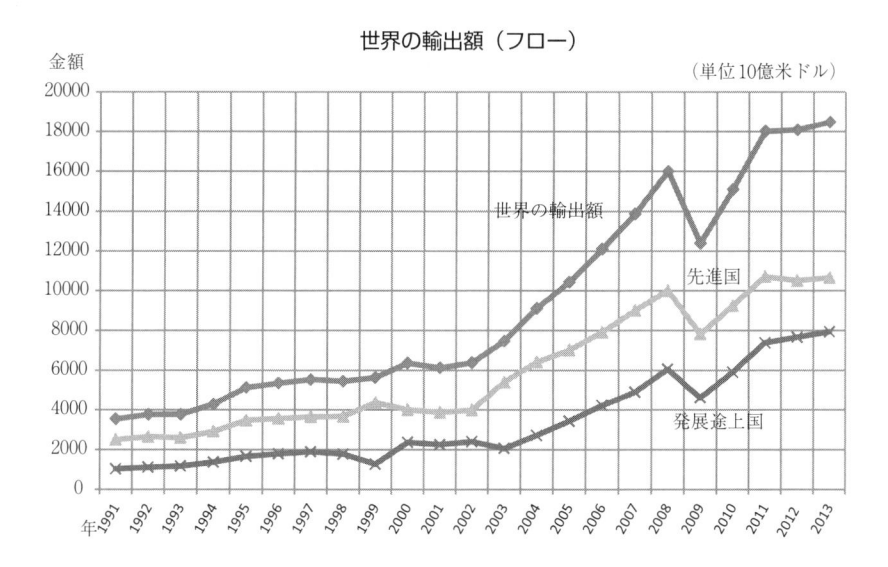

世界の輸出額（フロー）

展途上国（とくに中国）からの海外直接投資が増加したことがその理由である。

しかしながら世界の輸出額が，海外直接投資よりも圧倒的に多く世界全体では，2013年では輸出額が海外直接投資よりも13倍に達し圧倒的に多くなっている。

表3－1と表3－2から，企業の海外進出の増大が貿易を縮小させたわけではないことが明らかである。企業の海外直接投資の増加が2003年以降著しくなるが，しかしそれ以上に輸出額が増加していることが明らかである。つまり企

表3－2　世界の海外直接投資額（フロー）　1993年－2013年

(単位10億米ドル)

国／年号	1993	1994	1995	1996	1997	1998	1999	2000	2001	2002
世界の輸出額	247	282	357	390	471	687	1,096	1,200	711	652
先進国	207	240	306	331	404	651	1,021	1097	660	599
発展途上国	39	42	50	57	64	33	72	99	47	47

国／年号	2003	2004	2005	2006	2007	2008	2009	2010	2011	2012	2013
世界の輸出額	616	813	837	1415	2198	1969	1175	1451	1,694	1347	1411
先進国	577	686	706	1,152	1829	1580	857	989	1237	853	857
発展途上国	29	112	115	239	316	328	268	400	383	440	454

資料：World Investment Report, 1993年より2013年の各号を参照。

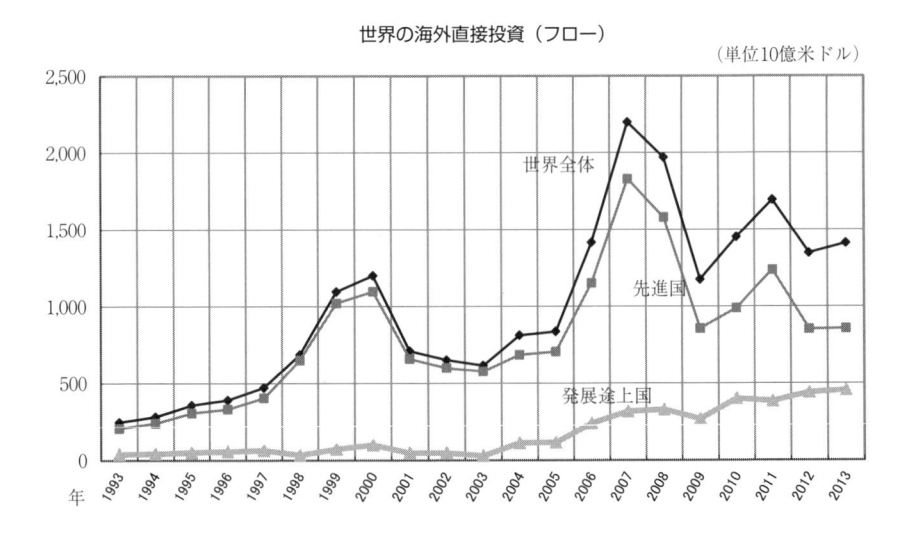

世界の海外直接投資（フロー）

(単位10億米ドル)

第3章　多国籍企業における資本と利益

業の国際化，海外進出が輸出をさらに促進していること，海外進出した多国籍企業が，さらに輸出入の貿易を増加させていることから著しく国際化が進んでいると考えることができる。すなわち海外進出した多国籍企業が活発に海外生産とその輸出入を行って，グローバリゼーションが，多国籍企業による貿易と海外直接投資によって二重化されて展開していると考えることができる。

　国際化の定義はさまざまである。海外子会社の進出国数（例：6カ国など）を基準とする，また従業員数，売上高，海外資産，子会社数の内外比率やその地域的な広がりを基準とする方法がある。ここでは国連の調査（UNCTAD）によりそれらを見ていこう。国連貿易開発会議（UNCTAD）は多国籍企業を超国籍の世界的企業（TNCs = Transnational corporations）という用語を用いているので，ここでのその引用では同じ用語を使用する。

　UNCTADでは，世界的企業の活動基準として，売上高，産出量，従業員数，付加価値，商品とサービスの輸出入および本社（親会社）の管理下にある企業数（子会社，関係会社）を上げている[7]。

　UNCTADの調査によると世界的企業の活動は，地球全体をその活動の基盤にしている。1990年代前半までは世界全体で世界的企業の親会社数は約37,000社あり，その海外子会社数は17万社であった。それらの親会社のうちで33,500社が先進国に本社を持つ世界的企業であった。また2004年には世界的企業数は，77,000社に増加し，その海外子会社数は77万社以上に増大している[8]。それらの海外子会社の創出した付加価値は4兆5,000億ドル，海外子会社の従業員数は6,200万人，輸出された商品とサービスの総額は，4兆ドル以上であったと述べている。2004年の世界的企業の上位100社を見ると，そのうちの85％が3つの地域（EU，日本，アメリカ）に本社を置いている[9]。海外所有資産の多いトップ世界的企業の73％が，アメリカ，日本，イギリス，フランスおよびドイツの5カ国に本社を置いていた。世界的企業の上位100社の海外資産所有額は，

---

[7] UNCTAD, *The Universe of the Largest Transnational Corporations"* 2007, p.1.
[8] *Ibid.*, p.3.
[9] *Ibid.*, p.3.

1993年には，1兆3,000億ドル（国内を含めると3兆4,000億ドル）であった[10]。

UNCTADは，企業の国際性（国際化度）を示す基準として，TNI（= Transnationality Index）指標を説明している。それは3つの要素から構成されている。資産総額に対する海外資産割合（海外資産／資産総額），売上高総額に対する海外売上高割合（海外売上高／売上高総額），そして従業員総数に対する海外従業員数（海外従業員数／従業員総数）である。これらの三要素の平均がTNIで示される。TNIが高いとそれだけ国際化が進んだ企業と判断できる。また地域的分散の度合いを示すものとして，子会社総数に対する海外子会社数の割合（海外子会社数／子会社総数）を加えた"Internationalization Index（II）"を含めることも強調している[11]。世界のトップ企業100社の平均TNIをみると，EUの企業が1993年の56.2から2003年には59.3へと増加し，アメリカ企業は，それぞれ同年で40.3から48.3へ，日本企業は同年で33.0から42.8へとTNIの価値を高めている[12]。

(2) 海外資産の所有額

世界的企業（TNCs）の最大源泉国（フランス，ドイツ，日本，イギリス，アメリカ）の多国籍企業は，それぞれに巨額な海外資産を所有している。世界的企業が，どのように国際化を達成しているかの理由について，UNCTADは，経営活動の視点からは地域的な拡大と分散の重要性，活動様式と各地域に適合するための生産プロセスの地域統合，さらにはステークホルダーの視点から管理者と取締役の国籍の構成，株主の国籍，管理者の国際経験やそれの国家間での移動及び労働者の国別構成，そして管理組織の観点からは地域本部の配置や法律上の国別差異などが重要であると指摘する[13]。

表3—3は，2013年度の海外所有資産額の多い世界的企業30社の海外資産所

---

10) *Ibid.*, p.7.
11) *Ibid.*, p.21. ここでの総数とは，海外と本国との合計の意味で使用している。
12) *Ibid.*, p.15, 図7を参照。
13) *Ibid.*, p.21.

第3章　多国籍企業における資本と利益

表3-3　海外資産所有順位：世界的企業2013年（金融を除く）

(単位：10億ドル)

順	会社名	国籍	業種	資産 海外a	資産 b	a/b	売上高 海外c	売上高 d	c/d	従業員数 海外e	従業員数 海外f	e/f	TNI %
1	ゼネラルエレクトリック	アメリカ	電子機器	331	657	0.50	74	143	0.52	135	307	0.44	48.8
2	ロイヤルダッヂシェル	イギリス	石油業	302	358	0.84	276	451	0.61	67	92	0.73	72.8
3	トヨタ自動車	日本	自動車	274	403	0.68	171	256	0.67	137	333	0.41	58.6
4	エクソンモービル	アメリカ	石油業	231	347	0.67	237	390	0.61	45	75	0.6	62.6
5	トタルSA	フランス	石油業	227	239	0.95	176	228	0.77	66	99	0.67	79.5
6	BP plc	イギリス	石油業	203	306	0.66	250	379	0.66	64	84	0.76	69.7
7	ボーダフォン グループ	イギリス	電子通信	183	203	0.90	59	69	0.86	83	91	0.91	88.9
8	フォルクスワーゲン	ドイツ	自動車	177	447	0.40	211	262	0.81	318	573	0.55	58.6
9	シェブロン	アメリカ	石油製品	176	254	0.69	123	212	0.58	33	65	0.51	59.3
10	Eni SpA	イタリア	石油製品	141	190	0.74	110	152	0.72	57	84	0.68	71.2
11	Enel SpA	イタリア	電気ガス	140	226	0.62	62	107	0.58	37	71	0.52	57.3
12	グレンコア エクストラテ	スイス	鉱山採掘	135	155	0.87	154	233	0.66	181	190	0.95	82.8
13	Anheuser-Busch InBev	ベルギー	食品飲料	135	142	0.95	39	43	0.91	145	155	0.94	93.3
14	EDF SA	フランス	電気ガス	130	354	0.37	47	100	0.47	29	158	0.18	34.0
15	ネッスル	スイス	食品飲料	125	130	0.96	98	100	0.98	323	333	0.97	97.1
16	E.ON	ドイツ	電気ガス	124	180	0.69	115	163	0.71	50	62	0.81	73.3
17	GDF Suez	フランス	電気ガス	121	220	0.55	72	119	0.61	73	147	0.50	55.2
18	ドイツ テレコム	ドイツ	電子通信	120	163	0.74	50	80	0.63	112	229	0.49	61.9
19	アップルコンピュータ	アメリカ	電子機器	120	207	0.58	105	171	0.61	50	84	0.60	59.6
20	ホンダ自動車	日本	自動車	118	152	0.78	96	118	0.81	121	190	0.64	74.3
21	三菱商事	日本	卸取引業	113	149	0.76	18	76	0.24	20	66	0.30	43.0
22	シーメンス	ドイツ	電子機器	110	138	0.80	85	100	0.85	244	362	0.67	77.8
23	アルセラミッタル	ルクセンブルグ	金属製品	110	112	0.98	74	79	0.94	176	232	0.76	89.0
24	イベルドローラ	スペイン	電気ガス	109	127	0.86	24	44	0.55	19	31	0.61	66.5
25	ジョンソン&ジョンソン	アメリカ	医療製品	97	133	0.73	39	71	0.55	75	128	0.59	62.3
26	日産自動車	日本	自動車	95	143	0.66	81	105	0.77	93	161	0.58	67.4
27	ハッチソン ワンポア	香港中国	総合製品	91	105	0.87	26	33	0.79	215	260	0.83	82.9
28	フィアット	イタリア	自動車	91	119	0.76	106	115	0.92	163	226	0.72	80.2
29	ファイザー	アメリカ	医療製品	90	172	0.52	31	52	0.60	48	78	0.62	58.4
30	BMW	ドイツ	自動車	88	191	0.46	85	101	0.84	81	110	0.74	68.0

(注)　a/bは資産の海外比率、c/dは売上高の海外比率、e/fは従業員の海外比率である。
出所：UNCTAD, WIR 2014, CD-ROM,The world's top 100 non-financial TNCs, ranked by foreign assets, 2013より30位までを抜粋し、資産、売上高、従業員数の各海外比率を追加して挿入した。

有額順位（金融会社を除く）を表している。

　海外資産の所有額が最も多い企業は、2013年ではゼネラル・エレクトリック（アメリカ）の3,310億ドル（親子会社全体6,570億ドル）である。表3-3に示されているように、その海外資産所有比率は50％を超えている。また同社の海外

109

売上高比率は52％である。海外従業員比率は，44％であり，資産，売上高，従業員数のそれぞれの項目の海外所有比率は約50％であり，その国際性（TNI）は48.8％であることが示されている。海外所有資産額の第2位は，ロイヤルダッヂシェルである。その海外資産所有額は，3,020億ドルであり海外所有比率では84％と高い。そして第3位はトヨタ自動車であった。海外所有のそれぞれの比率をみると，海外資産比率68％，海外売上高比率67％，そして海外従業員比率41％であり，その国際性は58.6％であった。トヨタの国際性は，海外資産所有額では第8位のフォルクスワーゲン社と同じであった。26位の日産自動車の国際性は67.4％，第30位のBMWの国際性は68.0％であった。

　上位30社までを見ると，アメリカ企業が6社，ドイツ企業が5社，日本企業が4社，フランスとイギリスの企業がそれぞれ3社，スイス企業2社，その他4社となっている。香港企業のハッチンソンワンポアは27位であるが，海外資産所有比率が87％と高いことが注目される。国際性（TNI）の最も高い企業は，先進国ではネッスル社（スイス）の97.1であった。ネッスル社（食品飲料）は，海外資産所有額では15位であるが，その比率は96％と高く，また海外売上高比率も98％であり，海外従業員比率は97％と世界的な企業であることが明らかである。

　これらの海外資産を巨額に所有する多国籍企業は，各国に適合しながら現地化を図っている。その経営戦略は本国市場と海外市場を区別せずに，世界全体を活動の市場と考えて戦略を組んで活動する。一方では海外活動において現地化を徹底させながら現地市場に浸透する中で，他方では自社の戦略に現地市場を統合するという戦略を構築している。本社への支配を強めることにより全体の統合を図っている。その活動は，それぞれの国の異質性や特質を同一化，統合化，単一化する方向を強く持っている。多国籍企業が各国に進出すると，その経営制度や経営志向，価値観が各国に導入されて，社会全体が多国籍企業の統一的な基準に支配，影響されるようになる。国際的な情報網の発展，情報技術の利用が瞬時に各国へ伝達されることになり，それぞれの国が同じ統一的な思考基準すなわちグローバルスタンダードを持つようになる。

しかしながらそれは，逆に現地化を進めることによって各国の異質性や独自性，多様性（ダイバーシティ）が台頭してくるという矛盾を含んでいること，それが次第に顕在化し，多国籍企業の進出に対して反対運動が起きていることも事実である。多国籍企業の戦略としての統一化，統合化が強くなるにつれて，逆に現地の国の異質化，地域特性の維持が強調されるという矛盾をグローバリゼーションは含んでいることを認識する必要がある。

1990年から国際化は大きく変化し始めている。1989年の東西ドイツの統合，その後のソ連邦の崩壊と社会主義国の体制動揺は，多国籍企業とその海外直接投資に多くの機会と活動領域を与えた。ドイツの東西統合は西ヨーロッパ圏の市場拡大を意味し，またソ連邦の崩壊は多くの東欧諸国の独立をもたらし，東ヨーロッパの移行経済圏の確立によるブロック経済の出現，それの資本主義化，市場経済化の拡大を確実に推し進めている。

これら一連の体制変革は，先進国の多国籍企業に広大な市場を創出して，移行経済圏への直接投資拡大の機会を多国籍企業に与える結果となった。先進国の多国籍企業にとっては，市場拡大の国際化戦略が，2000年以降では一層重要になっている。多国籍企業は長期的戦略を組む中でその活動が遂行されるために，長期の未来利益の割引現在価値と現在の支出額を比較することにより正味現在価値（NPV）を基準に予算編成，海外進出を実行する。

また1990年以降，先進国，とくにイギリス，スペイン，ギリシャでは，国家の財政難から頻繁に国営企業の民営化が実施された。国営企業が株式会社形態へ組織変更することが民営化の意味であるが，そのことはそれらの企業の株式が大量に民間に発行されて，金融資本市場の拡大をもたらし，金融経済の拡大に拍車をかけたことも事実である。資本市場の国際化，国際間接（証券）投資も活発になったこともグローバリゼーション促進の一要素である。

グローバリゼーションは，経済現象としてのみ理解するのではなく，文化，政治，法律，芸術など社会の多方面への国際化の浸透を指している。多国籍企業の今日の経営戦略としてのダイバーシティとはまさにそれを意味している。それと同時に多国籍企業が，各国の独自性，特質を統一した基準の下で測定す

るグローバルスタンダードに統合する方向を強めることはすでに述べたが，海外直接投資の相互浸透は，企業経営面だけではなく，特に90年以降は，発展途上国独自の価値体系を先進国のそれに統合する傾向を強めている。株主価値重視の経営，企業価値向上や株価極大化主義の経営が，コーポレートガバナンスの主張に守られながら浸透していること，これがグローバリゼーションの実態である。

5　2000年代の国際直接投資の変化

(1)　国際直接投資の特徴

　海外直接投資は，具体的には海外子会社の新設，海外企業の合併・買収，合弁企業設立，などの形態をとって行われる。その残高をみると企業の海外活動が明らかになる。表3－4は世界の国際直接投資の残高（1990年－2012年）を表している。表3－4では，対内直接投資と対外直接投資を対比して表しているので，ここでは国連の調査（UNCTAD）に沿って直接投資を対内と対外の両方を含めて国際直接投資という用語を用いることにした。本項では海外直接投資を対外直接投資（FDI outflow）の用語を使っている。

　表3－4（世界の国際直接投資）では，国際間接投資（証券投資）を除いて示している[14]。

　表3－4では，国別，地域別に対内，対外の直接投資残高を示しているが，世界全体では，対外，対内ともに1990年と比べて2013年には，それぞれに12倍以上の増加である。残高であるから増加は当然であるが倍率が高いことは企業進出が活発であることを理解できる。

　先進国の対内直接投資をみると，北アメリカへの投資が最も多いこと，日本

---

14)　本項の内容は，拙稿「多国籍企業における資本の論理」（丸山恵也その他による大橋英五先生古稀記念論文集慣行委員会編『経済成長の幻想―新しい経済社会に向けて―』第1部第6章所収を大幅に修正，加筆した。

第3章　多国籍企業における資本と利益

表3－4　世界の国際直接投資

(単位：10億ドル)

地域＼年度	対内直接投資					対外直接投資				
	1990	2000	2012	2013	2014	1990	2000	2012	2013	2014
世界全体	2,078	7,511	22,813	25,464	26,039	2,091	8,026	23,593	26,313	25,875
先進国	1,564	5,679	14,220	16,053	17,004	1,947	7,099	18,673	20,765	20,555
EU（29ヵ国）	762	2,350	7,805	9,583	10,049	809	3,509	9,837	10,617	11,787
その他ヨーロッパ先進国	47	118	871	953	877	77	267	1,356	1,503	1,353
北アメリカ	652	2,996	4,569	5,580	6,041	817	2,932	5,906	7,082	7,033
日本	10	50	205	170	171	201	278	1,055	993	1,193
その他の先進国	93	165	769	767	743	43	114	519	570	541
発展途上国	514	1,771	7,745	8,483	8,310	145	905	4,459	4,993	4,833
アフリカ全体	61	154	630	687	709	20	44	145	162	214
アジア全体	340	1,109	4,779	5,202	5,680	67	653	3,160	3,513	3,949
中国	21	193	833	959	1,085	4	28	509	614	730
香港	202	492	1,422	1,443	1,550	12	436	1,310	1,352	1,460
その他発展途上アジア	117	424	2,524	2,800	3,045	51	189	1,341	1,547	1,759
ラテンアメリカ	111	507	2,311	2,569	1,894	57	208	1,150	1,312	664
カリブ海諸国	8	78	623	726	70	2	90	552	665	7
その他ラテンアメリカ	103	429	1,688	1,843	1,824	55	118	598	647	657
移行経済圏（17ヵ国）	9	61	848	928	725	0	21	461	555	487

資料：UNCTAD, World Investment Report 2013, pp.217～220及びWIR 2014 pp.209～212, WIR 2015 ANNEX TABLES A 7～A 110を参照し作成。

への投資が低いことは従来と変化していない。EUへの対内直接投資は，2013年には9兆5,830億ドルに達し，1990年と比較して12倍以上増加し，それだけ西ヨーロッパへの企業進出が増加したことが明らかである。

　他方，発展途上国の対内投資は，2013年には対外投資を約2倍上回り，8兆4,830億ドルと著しい増加である。発展途上国への先進国からの企業進出が，それだけ多く行われたといえる。アジアの中でも中国と香港への直接投資が多い（2013年9,590億ドル，1兆4,430億ドル）。とくに注目しておくべきことは，ラテンアメリカ・カリブ海地域への対内直接投資が，2000年代から増加し，2013年には7,260億ドルと1990年と比べて90倍増加したことである。これは，2000年代から先進国の多国籍企業と多国籍銀行が，相次いでカリブ海地域のタックスヘイブン諸国に課税回避の目的で多くの金融子会社，海外子会社および特別目的会社（SPEs）を設立したことによるものと考えることができる。カリブ海地域のタックスヘイブン諸国は，世界の多国籍企業の国際的な利益管理の媒体

113

であり，課税回避による利益プールの温床となっており，利益留保の役割を担っている。

また移行経済圏への企業進出も2000年以降急増している。旧ソ連圏であった東欧諸国がロシアから独立して市場経済へ参入し，EUへ加盟するなど，資本主義経済化への方向をとりはじめた。それによって多くの先進国企業の参入をもたらしており，移行経済圏諸国が多国籍企業の市場獲得の戦略に組み込まれつつある。

次に対外直接投資残高についてみておこう。

対外直接投資残高について，世界全体では1990年（2兆910億ドル）から2013年には26兆3,130億ドルへと12倍以上の増加である。先進国企業の対外直接投資が発展途上国に対して行われた結果，発展途上国の対内直接投資が増加した結果になっている。また経済発展を遂げつつある発展途上国の企業による2000年以降からの対外直接投資の増加も注目されることである。先進国企業の対外直接投資については，日本企業が2013年に前年より620億ドル減少したが，EU，アメリカの企業の対外投資は増加している。EU，アメリカ，日本の企業の対外直接投資は，2000年以降から急増しており，2013年にはそれぞれ対内直接投資を上回っている。それが発展途上国の対内直接投資の増加と結びついていることが明らかとなっている。

また発展途上国による対外直接投資は，2000年代後半から中国や香港の企業により増加した。さらにはラテンアメリカのカリブ海地域からの対外直接投資が，1990年の20億ドルと比べて2013年には6,650億ドルと330倍の急増であった。それだけタックスヘイブンに先進国企業の海外子会社および金融子会社が多く設立され，そこからの投資も盛んに行われていることが明らかである。もちろん移行経済圏からの直接投資も2000年の210億ドルから2013年には5,550億ドルと26倍以上の著しい増加であった。

したがって，国際直接投資残高の変化をみると，2013年までは先進国では対外直接投資が対内直接投資を上回っていたが，発展途上国では逆にいずれの国・地域も対内直接投資が対外直接投資よりも多いことが明らかであった。特

に中国と香港を中心としてアジア地域への直接投資が多いこと，さらに後に触れるようにラテンアメリカのカリブ海地域にあるタックスヘイブン諸国への直接投資は，課税回避と利益プールの目的を持った子会社設立のために著しく増加している。移行経済圏への投資もその資本主義経済化への移行を要因として先進国の多国籍企業進出により著しい投資の増加となっている。

(2) 海外直接投資家の新しい形態

海外直接投資の形態は，2000年以降，特にクロスボーダーのM＆Aが増加していることである。また海外子会社の新規設立すなわち完全所有子会社の設立（greenfield investment）の増加が著しい。さらに投資家の形態を見ると，過去10年間に政府系投資ファンド（SWFs = Sovereign wealth fund）による資産所有（2012年，5兆3,000億ドル）が活発になっている。その80％が発展途上国からの投資である。クロスボーダーM＆Aの89％が2003年から2012年までにはSWFsの海外直接投資によるものであった[15]。

また発展途上国の国有企業（SOEs = State-owned enterprises）による海外直接投資が，自由化，民営化の下で過去30年間において増大した。2013年では世界的企業100社の中でSOEsが18社あるが，中国のChinese Stateが中国における巨大15社の中では最大株主である[16]。

国有巨大企業（SO-TNCs）は，主要な国際投資家であり，その数は，2010年の659社から2012年には845社へと増加し，その対外直接投資は，世界のそれの10分の1に達している[17]。とくに注目すべきことは，すでに指摘したように，課税回避を目的にタックスヘイブン諸国に海外子会社または特別目的会社（SPEs）の設立投資を行っている。つまりそれは本国の税制度や規制を回避しオフショア金融を目的とした直接投資である。

2008年の金融危機以来，国際機関は，世界的企業の活動において課税回避の

---

15) UNCTAD, WIR, 2013. pp. 10−11.
16) *Ibid.*, p. 12.
17) *Ibid.*, p. 12.

防止と国際金融の流れの透明性を確保する努力と政策を実行しG-20サミットでそれが議論された。そこでの国際会議では多国籍企業のタックスヘイブン利用による脱税行為を防止すべきことが主張された。

海外直接投資におけるオフショア金融メカニズムは，主に①オフショア金融センターまたはタックスヘイブン現地法人と，②特別目的会社の二つを含んでいる。特別目的会社は，「特別な目的（例：外国為替リスクの監視とその管理，投資の資金調達の機能）または特別な会社構造（例：持株会社）を設立している海外子会社」である[18]。それらの会社は，外国企業やその金融子会社に特別な税制上の優遇措置を設けている国，特に発展途上国やカリブ海地域に多く設立されている。それらの会社は何ら経済活動をするわけでもなく十分な資産を保有しているわけでもない。その機能は，第三の国と資金の取引，資金移動を行うチャネルの役割を担っている。

オフショア金融センターへの投資は，2007年以来増加し，2012年には8,000万ドルであった。2007年から2012年までのオフショア金融センターへの対内直接投資は750億ドルであった。タックスヘイブン経済は，今や世界全体の国際直接投資の約6％を占めており無視しえない重要な位置を占めている[19]。

6　海外直接投資の資金構成

(1)　親会社持分と留保利益

海外直接投資残高の動向は，多国籍企業の活動を理解する上で主要な指針となる。直接投資は単なる資本支出ではない。その資金項目は，まずは主要な2つから構成される。海外直接投資とは，単一人（組織を含む）が外国企業の持分（権益）を継続的に所有して，相手企業の経営権を支配して影響力を行使するための資本投資と考えられている。つまり既述したように，親会社による相

---

18)　*Ibid.*, p. 15.
19)　*Ibid.*, p. 15.

手企業のエクイティ（Equity）の10％所有を基準とした投資と理解することができる。

アメリカ商務省や日本財務省国際収支マニュアル及びOECDの定義によれば，海外直接投資とは，外国企業，海外関連会社の議決権付株式の10％以上を所有するか，またはそれと同等の権益を所有して海外関連会社（海外子会社を含む）に対して経営上の支配を及ぼすための資本投資のことである。既述の「単一人（組織を含む）」とは個人，支店，会社，政府，州，公的機関，金融機関それにアソシエイテッド・グループ（合弁事業，シンジケート，親子会社間での共同のグループ）を意味している。

親会社に議決権付き株式10％以上を所有された企業は「法人化された海外関連会社（Incorporated foreign affiliates）」であり，それと同等の権益を所有された企業は，「未法人の海外関連会社（Unincorporated foreign affiliate）のことである」[20]。

海外直接投資残高の資金項目は図3－2のようである[21]。

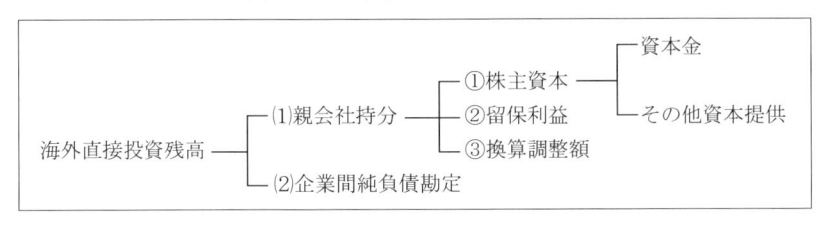

図3－2　海外直接投資の資金構成

```
                          ┌①株主資本──┬資本金
            ┌(1)親会社持分─┼②留保利益    └その他資本提供
海外直接投資残高┤            └③換算調整額
            └(2)企業間純負債勘定
```

海外直接投資残高は，(1)親会社持分の投資と(2)企業間純負債勘定から構成されている。したがって(1)は，親会社が海外関連会社（子会社を含む）に対して行う株主資本投資であり，海外関連会社にとっては自己資本調達になる。また

---

20) U.S. Department of Commerce, U.S. Direct Investment Abroad, *urvey of Current Business*, 989. p. M－4.
21) 図3－2はIbid., M－19.を参考にして筆者が作成した。拙稿「1990年代の多国籍企業の発展と国際経営財務－1990年代の多国籍企業における海外直接投資の経営財務的視点による分析－」『商経論叢』（神奈川大学経済学会）第35巻1号，1999年，229ページ。

(2)は，親会社と海外関連会社との間で発生している債権（受取勘定）・債務（支払勘定）を相互に相殺した後の親会社の超過した債権余剰分である。これは海外関連会社にとっては，他人資本調達を意味している。しかし外部からの債務とは異なり親会社からのそれであるために，債務といっても自己資本に近い性格の他人資本であるから，多国籍企業としては現地企業と比べてそれだけ有利な資本調達になっている。

それぞれの資金項目の変化を明らかにすることにより多国籍企業の財務政策の特徴が理解できることから，その内容をみておこう。

まず(1)親会社の持分は，①株主資本，②留保利益，③換算調整額から構成される。①株主資本は，海外関連会社への親会社出資であるから，海外関連会社の資本金における親会社所有分と追加払込資本における親会社持分であって，株式払込み剰余金（資本準備金やその他資本剰余金）を構成する。また②留保利益は，海外関連会社の留保利益のうちの親会社取得分であり，親会社への未送金利益を意味している。主に親会社に配当金として送金されずに海外関連会社に内部留保された親会社が取得すべき利益のことである。

海外関連会社の利益は常に親会社に送金されるわけではない。例えば，受入国政府の為替管理強化により配当送金が制限，規制されることがある。また親会社が，為替レート変動や財務戦略上の理由から取得すべき配当金やロイヤリティ，経営指導料，その他手数料などを海外関連会社に内部留保して，海外関連会社の自己金融をそれだけ厚くし，その国際競争力を強化させるという財務戦略を実施している。本社による海外関連会社への経営支配力，影響力をそれだけ強めるという財務戦略は，特にアメリカの多国籍企業に見られる方法である。

次に(2)企業間純負債勘定を説明しておこう。

これは，親会社による海外関連会社への貸付金などの債権のうちの親会社への未返済分である。純負債勘定とは，海外関連会社に対して負っている親会社債務を超過した海外関連会社に対する親会社債権の余剰分である。つまりは海外関連会社が親会社に対して負っている純負債額を意味するから，海外関連会

社にとっては正味の他人資本である。両者の債権・債務の相殺（netting）により親会社の余剰債権は海外関連会社にとっては同一企業体内で供与された負債＝他人資本である。

このように海外直接投資残高は，前年度末の投資残高に今年度中の投資額の変化（フロー）を加えて算出されるが，すでに示したように海外関連会社にとっては，それが親会社からの出資（自己資本）と同一企業体内部での他人資本の提供であることが明らかとなる。これらのことから海外直接投資が，海外関連会社の資金構成における親会社の経営上の支配と関連することが明らかである。そこで海外直接投資の資金構成が現実にはどのような特徴を持っているのかを示すために，アメリカ多国籍企業の海外直接投資の資金構成を検討しておこう。

(2) アメリカ海外直接投資の資金構成

表3-5は，2001年から2012年までのアメリカ海外直接投資残高とその資金構成，利益，ロイヤリティおよびライセンス料とその他のサービス料の純額を示している。

表3-5　アメリカ海外直接投資資金構成：残高と国際収支フロー

(単位10億ドル)

財務項目／年度	2001	2002	2003	2004	2005	2006	2007	2008	2009	2010	2011	2012
海外直接投資残高（取得原価）	1,460	1,617	1,770	2,161	2,242	2,477	2,994	3,232	3,565	3,742	4,085	4,453
直接投資資金構成（現在コスト調整なし）	125	135	129	295	15	224	394	308	288	278	388	367
持分	61	43	35	133	62	49	201	127	35	41	65	35
再投資利益	52	66	100	142	-31	197	210	212	205	279	304	311
企業間負債	12	26	-6	20	-15	-21	-17	-31	48	-42	18	21
純利益	110	125	165	228	272	304	350	393	340	418	457	449
ロイヤリティ，ライセンス料（純受取り）	26	28	31	38	42	49	56	60	55	59	67	65
その他サービス料（純受取り）	6	5	5	6	6	0.7	9	5	4	4	1	5

出所：Marilyn Ibarra-Caton, Direct Investment for 2009-2012, Survey of Current Business, September 2013, p.208 より抜粋。

投資残高では2001年と比べて2012年には3倍に増加している。投資資金構成（純額，フロー）をみると，2002年から再投資利益が最も多く2013年には資金構成全体（3,669億4,000万ドル）の8割以上（3,113億4,100万ドル）に達している。つまり海外直接投資は，成熟したアメリカ多国籍企業においては海外利益を増大させて，利益の本国送金よりも海外子会社での利益の再投資が最も多いことがその特徴である。

　アメリカ多国籍企業の海外子会社における親会社からの持分投資（純投資）は，2013年には346億ドルであり，2011年よりも半分ほど減少したが，それは，全体のグローバルM＆A活動が16％ほど減少したことによるものである[22]。また再投資利益は，今期の海外関連会社の利益における親会社取得分と親会社へ分配された分との差額であるが，それは2012年には前年比2％増の3,113億ドルに達した。これは2012年の資金の流れ（financial flow）の5分の4以上を占めるものである。再投資利益が最も多いのは，すべての産業分野で同じであり，また再投資利益は特にヨーロッパ地域で最も多く，アメリカ多国籍企業すべての海外関連会社の資金構成全体の50％を占めている。特にオランダ，アイルランド，ルクセンブルグに設立されているアメリカ多国籍企業の海外子会社で増加した[23]。企業間純負債投資は，表3－5から明らかなように，過去においてはマイナスの年度もみられるが2012年には，2011年度よりも増加して210億ドルであった。親会社に対する海外関連会社の債務がそれだけ多かったということである。

　また海外利益は，2001年1,100億ドルから2012年度には4,490億ドルと4倍増加しており，ロイヤリティとライセンスフィーも同年比で2倍強の増加，その他サービス料は2011年よりも2012年では5倍以上の増加を示している。これら海外利益，ロイヤリティとライセンスフィー，その他サービス料は，アメリカ政府と外国政府による海外課税を控除した金額であるから，アメリカ多国籍企

---

22) Barefoot, Kevin B. & Caton, Marilyn Ibarra, Direct Investment PosITion for 2012. *urvey of Current Business*. July 2013, p.28.
23) *Ibid.*, p.29.

業の海外活動の成熟した，安定的な利益獲得の基盤が定着していることを理解することができる。これは，アメリカに進出した外国企業の対アメリカ直接投資の資金構成が圧倒的に親会社持分投資が多いこととは対照的である。

7　海外直接投資の利益と再投資利益

　世界全体の海外直接投資の利益は，2011年には1兆5,000億ドルに達した。UNCTADの資料（世界投資報告＝World Investment Report）によるとその内訳は，先進国に進出した多国籍企業の直接投資の利益が同年で8,450億ドルと多い。つぎに発展途上国では5,550億ドル，移行経済圏では1,000億ドルに達し，2005年と比較すると1.7倍の増加である[24]。とくに2000年代後半から発展途上国と移行経済圏への海外直接投資からの利益増加が顕著になっている。UNCTADの世界投資報告（WIR）調査によれば，2006年から2011年までの世界全体の対内直接投資の平均利益率は7％であった。先進国では5.1％であったのに対して発展途上国では9.2％，移行経済圏は12.9％であった。とくにアフリカと移行経済圏では，天然資源やその採掘処理産業などが高い利益率を示しており，さらにはラテンアメリカ・カリブ海地域も同様に高く8.7％に達している[25]。

　また図3－3から明らかであるが海外直接投資の収益において再投資利益の割合が3分の1を占めており，それの海外直接投資に占める割合が高いことが

図3－3　世界の海外直接投資の収益構造

2005年－2011年

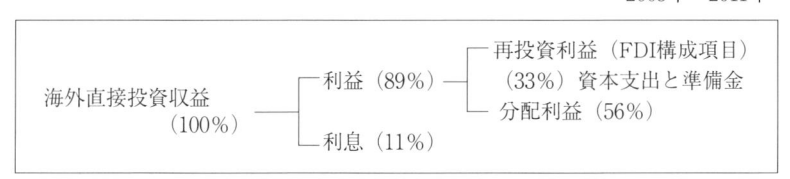

```
海外直接投資収益  ┬ 利益（89％）┬ 再投資利益（FDI構成項目）
   (100％)       │              │   （33％）資本支出と準備金
                 │              └ 分配利益（56％）
                 └ 利息（11％）
```

出所：UNCTAD, WIR 2013, p.31.

---

24)　UNCTAD, WIR 2013, p.32の図1.31を参照。
25)　*Ibid.*, p.33の図1．6参照。

明らかである。

　海外直接投資収益は，持分投資（equity investment）からの利益と海外関連会社からの利息から成る。その収益の中で利益（earnings）が高く89％を占めている。利益は再投資利益（33％）と分配利益（56％）に分かれる。再投資利益は海外直接投資の主要な構成資金項目であり，受入国内に内部留保された親会社利益部分である。それは海外関連会社成長のための資本投資とそのための準備金とに分かれている。残りの分配利益は，親会社への送金利益（repatriated earnings）であり，配当金が主な形態である。本社へ送金された分配利益は海外直接投資の減少項目である。

　国別の利益率の違いには多くの理由があり，進出期間の長い企業や無形資産などや技術を保有している企業やその他課税回避の戦略をとっている企業，内部振替価格（transfer pricing）を行っている企業，その他リスクの違いなどさまざまな理由がある。再投資利益は，海外子会社を新規に設立したり，現地で企業買収をするための投資資金に使われる。あるいは海外関連会社へ内部投資を行ったり，また準備金として内部留保しておくかのいずれかに利用される。

　2011年には，世界全体の海外直接投資利益のうち，4,990億ドルが受入国で再投資されており，本国または他の国へ送金された利益は1兆ドルであった[26]。先進国の海外直接投資の利益は2011年には2,660億ドル，発展途上国では2,140億ドルであり，2005年以来増加の一途を辿っている[27]。この再投資利益は海外直接投資の主要な資金項目である。2011年にはこれは世界全体の海外直接投資1兆6,500億ドルの30％に達する[28]。2005年から2011年までの再投資利益の平均は発展途上国では36％と最も高く，移行経済圏では32％，先進国は17％と低かった[29]。多国籍企業は，海外直接投資から多くの利益を発展途上国で獲得して内部投資や親会社への送金を行っていることが明らかになる。

26）　*Ibid.*, p.33.
27）　*Ibid.*, p.34.図1.7を参照。
28）　*Ibid.*, p.34.
29）　*Ibid.*, p.35.

8　多国籍企業の課税回避戦略とタックスヘイブン

　多国籍企業は世界的規模で企業体内部の利益配分を行いその最適化を図っている。とくにタックスヘイブンといわれる課税回避国を利用した利益管理が，各国政府の課税当局やOECDまた国連などの国際機関から課税逃れとの批判を受け問題視されている。多国籍企業が各国の課税率の差異を利用して課税回避の戦略を実施しているが，タックスヘイブンを利用したその方法が著しい。それが多国籍企業の財務戦略の強みでもある。オフショアを含めたタックスヘイブンへの多国籍企業による資本投資は，2000年代から急増し始めている。2012年には，「イギリス領バージン諸島はイギリスへの対内直接投資460億ドルよりも多く720億ドルの投資流入があり，それはバージン諸島経済規模の2,000倍の規模であり，世界の海外直接投資流入国の第5位を占めている」[30]。

　また同時に，「イギリス領バージン諸島からの海外直接投資（流出）640億ドルは，その国の経済規模と比べても」不均衡に多額である。そのような国は，オランダやルクセンブルグも同様の投資パターンを持っているとOECDは述べている。それらのオフショア地域の目的は，進出した外国企業の利益に対して無税か低税率の優遇措置を取っている。またそれらの国は情報交換が欠如しており透明性や公平性に欠けることが指摘されている[31]。多国籍企業はそれらのタックスヘイブンを利用してさまざまな課税回避の方法を考案している。

　OECDが規定しているタックスヘイブンは次の38ヵ国である[32]。

　アングリア，アンティグア・バーブダ，アルバ，バハマ，バーレーン，ベリツ，バミューダ，イギリス領バージン諸島，ケイマン諸島，クック諸島，キプロス，ドミニカ，ジブラルタル，グラナダ，ガンジィ，マン島，ジャージィ，リベリア，リヒテンシュタイン，マルタ，マーシャル諸島，モーリシャス，モ

---

30)　WIR 2015, p.188.
31)　*Ibid.*, pp.188–189.
32)　*Ibid.*, p.214.

ナコ，モントセラト，オウル，オランダ領アンティルス，ニウ，パナマ，セントキット・ナビィス，セント・ルシィア，セントビンセント・グレナディン，サモア，サンマリノ，セチュリス，ターク・カイコス諸島，アメリカ領バージン諸島，バヌアツ，の国々である。

　グーグルは，2009年にオランダとアイルランドの税優遇措置を利用して課税回避を行い，バミューダへ海外利益を移転させて課税率2.4%を達成した[33]。同じような方法を使って多くの多国籍企業が課税回避や節税を行っていることがメディアで報じられている。
　低課税国への利益移転の方法は，トランスファープライシングを使って行われていることが多い。もちろんトランスファープライシングは，従来から既存の国内企業においても同一企業体内部での取引，特に有形資産の商取引で実施されている。国際ビジネスにおいてそれは，グーグルの事例でも明らかなように無形資産，すなわち特にロイヤリティやライセンスフィーを生み出す知的資産（IP = intellectual property）において多く利用されている[34]。つまり商標権，ブランド，経営上の各種サービスなどの高い利益が創出される分野においてである。
　無形資産取引におけるトランスファープライシングは，IP所有の権利から発生する高い価値に対する支払の課税回避と経営活動上の取引のデジタル化が，課税縮小，節税のシナジー効果を作り出している[35]。とくにグーグル，アップルそしてマイクロソフトなどのIT関連の企業がこうした多くの無形の知的資産を創出しており，その取引のさまざまな税回避政策により，OECD諸国の政府は，常にそれらの多国籍企業による税回避によって損失にさらされている。国に納税すべき税額が他国へ移転されることは，国家と多国籍企業との対立が生ずることから，国としては何らかの対策を講じなければならない。問題は2

---

33)　*Ibid.*, p.192.
34)　*Ibid.*, p.192.
35)　*Ibid.*, p.194.

つある。1つはタックスヘイブンの利用による課税回避に対する対策と，2つめは，IP知的資産の取引に適用されているトランスファープライシングに対する価格設定の適正化問題である。

　OECD諸国の政府は，多国籍企業の課税回避問題の検討を始めている。OECDは「デジタル経済におけるトランスファープライシングがOECD／G20の行動指針（Action Plan）の中で最重要の優先順位であると位置付けていることを明らかにした[36]。問題として取り上げたのはアイルランドとオランダの外国企業に対する非課税制度，あるいは低税率の適用を利用してグーグルが行っていたダブルアイリッシュ・ダッチサンドイッチ（Double Irish with Dutch Sandwich）と呼ばれていた節税と課税回避の方法である。経営権100％のバミューダ所有の持株会社（完全子会社）をアイルランドに設立して，その持株会社が子会社（アイルランド現地法人）をアイルランドに設立する。そのことによりグーグルはアイルランドに2つ会社を設立したことになる。またオランダに特別目的会社（SPE = Special Purpose Entities）を設立する。これによって，無形資産としての知的資産IPのライセンス，サブライセンスの取引において課税回避を行うスキームである。

　UNCTADが示したグーグルの課税回避方法「ダブルアイリッシュ・ダッチサンドイッチ」は以下のようである。

(1)　アメリカ（高税率国）に本社を持つ親会社G（例グーグル）が，バミューダ（タックスヘイブン）に海外子会社G'を設立。そしてアイルランドに持株会社gとその事業子会社g'を，さらにオランダに特別目的会社SPEを設立する。このSPEは仲介会社として機能する。アメリカ親会社GがIPをバミューダのG'を経由させて，アイルランド持株会社gにライセンスする。その持株会社gは，グーグルのバミューダ海外子会社G'に完全所有された子会社である。つまりその持株会社gの課税管轄地はバミューダとなる。IPはまだ十分に開発されておらず低い価値であるために，市場での価格

---

36)　*Ibid.*, p.194.

図3−4　ダブルアイリッシュ・ダッチサンドイッチのスキーム

課税回避・利益移転の方法
Double Irish with Dutch Sandwich

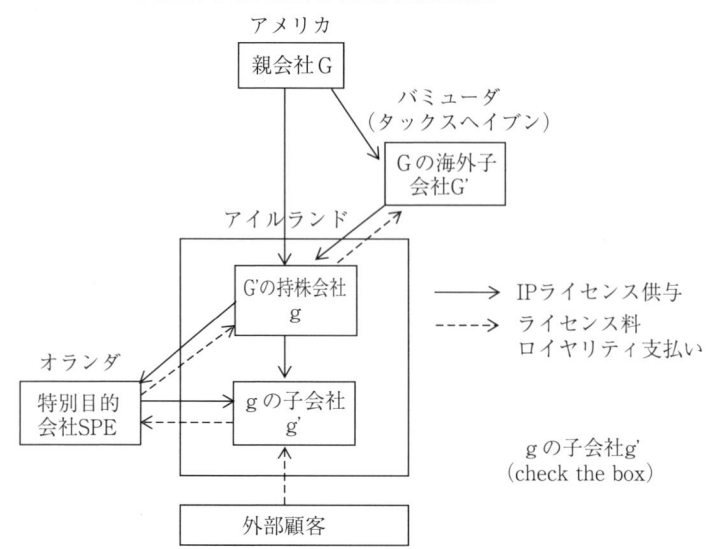

アメリカ：親会社G

バミューダ（タックスヘイブン）：Gの海外子会社G'

アイルランド：G'の持株会社g、gの子会社g'

オランダ：特別目的会社SPE

外部顧客

→ IPライセンス供与
---→ ライセンス料ロイヤリティ支払い

gの子会社g'（check the box）

出所：WIR 2015, pp.194-195を参照し筆者作成。

が十分に成立していないことから同一企業間で価格操作が可能である。

(2) IPが事業子会社g'にオランダのSPEを経由してサブライセンスされる。事業子会社g'はアイルランド現地法人であるからアイルランドでの課税対象企業である。サブライセンスされたIP資産の事業活動により高い収益を上げる。事業子会社g'はロイヤリティを持株会社には直接に支払わずにオランダの特別目的会社SPEを通じて支払する。オランダの特別目的会社SPEは何ら子会社としての経営活動をしているわけではない。特別目的会社SPEはそのロイヤリティを持株会社gに支払うが，そのことにより源泉徴収税は回避される。持株会社gはバミューダの海外子会社G'の完全子会社であることからアイルランドでの課税はない。またタックスヘイブンのバミューダで課税されることはない。オランダの特別目的会社SPEは，「EUでは金利とロイヤリティに関する指示文書（directive）の利用を

通じてロイヤリティ・フィーに課税される源泉徴収税はない」37)。オランダは，受取り企業の居住地域には関係なく，ロイヤリティ支払いにおける源泉徴収税は課さないのである。
(3) バミューダは，完全子会社であるアイルランドの持株会社gの収益には課税しない。法人税徴取はないのである。したがって利益はアイルランド居住の持株会社gに留保される。もちろんアメリカに利益送金されれば課税される。つまりタックスヘイブンのバミューダでは収益受取りには非課税である。アイルランドの事業子会社g'とオランダの仲介会社SPEは，アメリカにおいてcheck-the-boxであるためにアメリカ政府の課税対象からは除外される38)。つまりアイルランド事業子会社とオランダ仲介会社である特別目的会社SPEはともに透明性が高い事業組織と認識されるからである。このスキームで課税されるのは，アメリカに利益送金されたときである。

　国家間の経済競争は必然的に巨大企業の活動に依存せざるを得ない。外国の多国籍企業の導入により自国の経済発展をはかり，進出した多国籍企業の輸出と貿易の増大を図ろうとする機運が生まれてくる。そのためにいかに外国の巨大企業を誘致するかが経済政策として行われてきた。日本のように経済力の強い国では外国企業の誘致がそれほど盛んではなく，むしろ進出の方が活発である。事例のアイルランドはEU域内での，また世界市場での経済的地位増大のために外国企業に優遇税制をとってきた。

　しかしEU委員会や国内からの批判が強くなるとともに，国家の財政難からアイルランド財務省は，2015年の予算案を発表するときに，外国の多国籍企業に対して行ってきたいままでの法人税支払い軽減措置を廃止することを決めた。アイルランドに居住する企業は国内で課税対象になることとなった。しかし2015年度からの設立企業には優遇措置はないが，現在居住している外国企業には2020年から適用することになった。アイルランドがグーグルやアップルの脱

---

37) *Ibid.*, p. 195.
38) *Ibid.*, p. 195.

税行為を見逃しているとの議会やEU委員会からの批判が強まる中での措置であった。しかし低税率国やタックスヘイブンは，それ以外にも多くあることから，税回避の戦略がすべてなくなるわけではない。場所を変えて国を変えて同じことが行われることは必至であろう。

　日本国税庁でも富裕層の税逃れを防ぐためにその監視を強めるようになっている。日本経済新聞（2014年1月19日付）によると，日本政府は富裕層の課税逃れを防ぐために世界40カ国と連携して，海外に5,000万円以上の資産を持つ人には税務署への申請を義務付けている。タックスヘイブンを含む世界80カ国から日本人海外口座の情報を提供してもらうという。日本人が海外に持っている金融資産の名義や住所，残高，利子や配当の年間受取額などの情報を，世界各国の税務当局から2018年9月までに行うという。

　既述のグーグルの事例は，ほんの1つに過ぎない。ルクセンブルグを利用したアマゾン・ドット・コムやオランダを拠点に活動するスターバックスなど（日本経済新聞2014年10月21日付参照），IT関連以外の多国籍企業でも税率の差異を利用した課税回避戦略は海外利益の多い多国籍企業においては場所を変えて活発に行われている。

9　結　　　び

　多国籍企業は，株式会社を幾重にも重ねた巨大な会社形態である。その活動は海外にまで拡大していることから複雑である。国籍も複数国にまたがるためにOECDをはじめ国際機関でも十分にコントロールできないのが現状である。とくに資本，利益に対する規則や規制が不十分である。多国籍企業は，本国では規制や制限されている法律，税制度を逃れて海外で可能な活動も行うことができる。そのことによって多国籍企業は，海外直接投資の資金構成で明らかにしたように，内部留保を増大させて自己金融を蓄積して海外関連会社の強化を図っている。資金力，内部利益を増大させた海外関連会社を多く所有することは，それにより親会社の株価極大化を図っている。

現代のグローバリゼーションの下で展開されている金融資本主義社会の構造的問題は，資本の論理が労働の形態を駆逐する構造が生じていることである。それが2000年以降から企業や国家間の国際競争が強まり，市場経済化への移行とともにますます強くなったことである。労働の中から利益が生まれ資本の増大が達成されるという循環が逆転して，資本の蓄積，利益創出の競争の下で労働が駆逐されるという関係が強まっていることである。株主価値重視の経営，株価極大化，そのための利益最大化が第1に考えられて，それらの目的のために労働形態が犠牲になるという転倒した関係である。資本の価値増加のために労働の価値が駆逐されるという構造上の矛盾が表れていることが，金融資本主義の内在化された問題であると主張しておかねばならない。

　多国籍企業の海外活動は，2000年代から一段と活発に行われている。海外利益の増加は，すでにみたように国際経営財務の活動において課税回避戦略を生み出した。利益創出とその適正分配は企業体内部での資本効率性を一段と高めることになる。とりわけ無形資産，IPなどの知的資産のビジネスは新しい無形資産であるために取引価格が成立しにくい。市場価格の存在しない取引で行われるために企業体内部での価格設定が行われる。有形資産取引では市場価格に見合った適正価格で行われるが，需給関係が成熟していない場合のこの取引は，不明確な価格設定の中で利益操作が行われる。利益移転とタックスヘイブン利用による内部留保の利益管理が行われることになる。

　企業目標が，株価極大化や株主重視経営などを含んだ企業価値向上の経営へと結びつくのである。株主価値重視の経営，企業価値向上，株価極大化の企業目的は，海外活動によりグローバルスタンダードとして流布されているが，それは現実資本の運動から派生した擬制資本の法則により成り立っているのである。派生的な擬制資本の運動法則が優先して企業目標として措定されて，それが今日のコーポレート・ガバナンスの流行によって覆われていることを指摘しなければならない。

第4章　多国籍企業の資本調達
―国際金融・資本市場における財務革新―

1　はじめに

　先進工業国の巨大企業が多国籍企業として1960年代から著しく海外で生産活動を行って，国際化を展開しはじめたことはすでに承知のことである。それが1990年以降，先進工業国のみならず発展途上国を含めて海外直接投資の相互浸透を進めて，グローバリゼーションを推進させた。今日では多国籍企業は世界経済の中心に位置し国際化の牽引を担っている。

　多国籍企業の財務活動では，海外に金融子会社を設立して，国際金融・資本市場において，複数の通貨の資本調達と資本運用を実施している。とくに各国の金利差から低コストの資本調達の組み合わせを考え，また法人税など税制度の差異を利用してタックスヘイブン（Tax haven）に海外金融子会社，特別目的会社を設立して課税回避を行った利益管理を実施している。特に多国籍企業はその内部取引においてトランスファープライシング（Transfer pricing）という内部振替価格または移転価格を使って，利益の移動を行っている。とくに金融子会社が最適な資金配分機能を果たしている。

　したがって多国籍企業は，資本調達と資本の運用投資において国内企業と比べれば遙かに優位性を備えているといえる。

　このような多国籍企業の成長，すなわち巨大な産業資本の国際化は，必然的に巨大な銀行資本の国際化，すなわち銀行の海外進出つまり多国籍銀行の発展をもたらす。多国籍企業の海外資本需要の増大と積極的な国際資本投資（海外直接投資と海外証券投資）の活発化は，金融の自由化，国際化に伴って，アメリ

カを中心とする巨大商業銀行の海外進出を促した。銀行の海外支店，海外子銀行の設立，また共同融資，コンソーシアム形態の形成などを行って，国内では規制されていた銀行業務を海外で展開して，その金融業務を一層多角化させている。多国籍銀行形態により国際的な総合金融機関（ユニバーサル・バンク）へと成長拡大を遂げている。

　多国籍企業の財務活動，とくに資本調達と投資，運用は複数通貨を含み，外国為替相場の変動のリスクヘッジが重要な財務活動を形成するようになっていることから，多国籍企業と多国籍銀行は相互に提携を結びながら活動を展開している。外国為替リスクを伴う複数通貨の管理は，多国籍企業単独ではなく，各国に支店や子銀行を設立している多国籍銀行との財務的な結びつきが欠かせない。各国の金融・資本市場の動向，金利予測と金融資産価値の変動，通貨価値の変動予測，外国為替レート変動による為替リスクヘッジなどが主要な経営財務活動になる。また海外直接投資の業績評価基準などは，銀行との業務提携を行うことが一層重要な活動領域となっている。

2　国際資本調達の基本形態

　多国籍企業の資本調達は通常の国内企業のそれと基本は同じである。しかしその領域が拡大しているのに加えて，国内市場には存在しない国際金融・資本市場を利用することがその特徴である。多国籍企業の基本的な資本調達方法は以下のようである。

(1)　多国籍企業の内部資本源泉

　多国籍企業の海外子会社の内部資本調達は，子会社自身の内部創出資金と親会社および海外関連会社（海外子会社を含む）からの広範囲な資本調達が可能なことである。

第4章 多国籍企業の資本調達－国際金融・資本市場における財務革新－

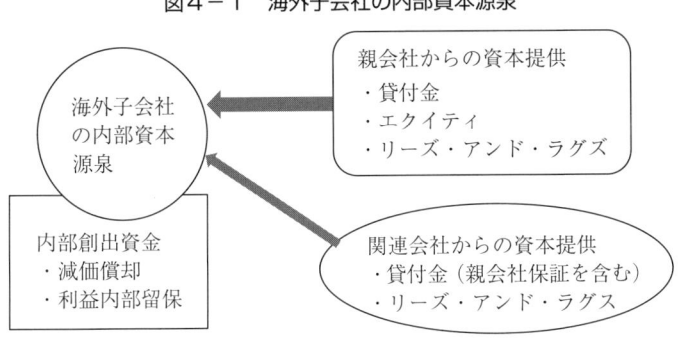

図4－1 海外子会社の内部資本源泉

- 海外子会社の内部資本源泉
- 親会社からの資本提供
  ・貸付金
  ・エクイティ
  ・リーズ・アンド・ラグズ
- 内部創出資金
  ・減価償却
  ・利益内部留保
- 関連会社からの資本提供
  ・貸付金（親会社保証を含む）
  ・リーズ・アンド・ラグズ

　海外子会社の利益は，親会社への利益配分と内部留保した利益とから成る。親会社に配当金や技術手数料，経営指導料，ロイヤリティとして本国送金された利益分を除いて子会社内部に留保された利益分である。それは減価償却を含んだ子会社の自己金融である。2000年以降のアメリカ多国籍企業の海外子会社において，自己金融が著しく増大したことはすでに述べたところである。

　親会社からの資本提供は，海外子会社にとっては外部資金である。また姉妹会社からの提供資本も同様に外部資金である。しかしながらそれらの資本は外部といっても，同一企業体内部からの供与であることから，まったく外部の債権者からの資本とは性格が異なる。したがって同一組織体内部からの提供資本であるために，それは他人資本ではあっても自己資本としての性格が強いことが，他企業や現地企業と比べて競争上有利である。

　このように多国籍企業の海外子会社は，資本的にも現地企業と比べて，それだけ強い特質を持っているのである。

(2) 多国籍企業の外部資本源泉

　多国籍企業とその海外子会社の外部資本調達は，国内企業と比較して独特の特徴と多様性を持っている。通常の国内の金融・資本市場に加えて海外での金融・資本市場を利用することができる。

図4-2　海外子会社の外部資本源泉

```
                    ┌─────────────────────────┐
                    │ 本国からの借入金          │
                    │ ・銀行，その他金融機関    │
┌──────────┐◀──────│ ・金融・資本市場          │
│            │      └─────────────────────────┘
│ 多国籍企業の│
│ 外部       │      ┌─────────────────────────────────────────┐
│ 資本調達   │◀─────│ 外国からの借入金                          │
│            │      │ ・現地通貨借入（現地の金融市場）          │
└──────────┘      │ ・その他海外市場借入（第三国金融市場）    │
       ▲            │ ・ユーロ通貨借入（ユーロカレンシー市場）  │
       │            └─────────────────────────────────────────┘
       │
       │            ┌─────────────────────────────────┐
       └────────────│ 海外でのエクイティ調達            │
                    │ ・海外株主（海外での株式発行）    │
                    │ ・ジョイントベンチャー（共同出資）│
                    └─────────────────────────────────┘
```

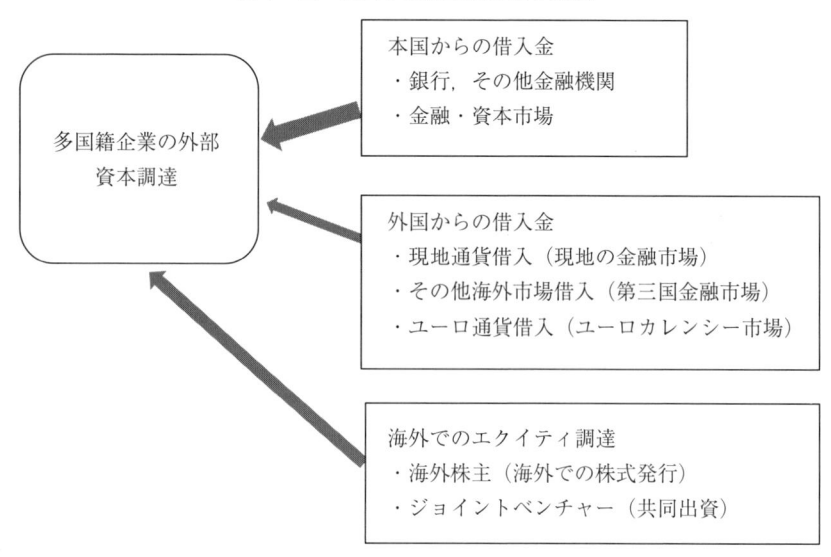

出所：Eiteman, Stonehill, Moffett, *Multinational Business Finance* eleventh edition, 2007, PEASON Addison Wesley pp. 442, 443を参考にして筆者が作成。

特に外部資本調達は，国際金融・資本市場とくにユーロ市場での資本調達と運用がその特徴である。1970年代からの先進国の金融市場においては，規制緩和，金融の自由化，国際化が著しく進展した。特に多国籍企業は，そこにおいては多くの国際的金融情報サービスを提供する多国籍銀行と提携しながら，その国際財務戦略を実施するようになっていた。各国の規制のないユーロ市場において新しい金融商品を開発したり，通貨や金利スワップ（債務交換），為替リスクのヘッジを考案している。また企業のM＆AやLBOの仲介をはじめとして，さまざまな財務方法を実施していた。

1980年代から先進諸国の多国籍企業は，国際金融・資本市場において多国籍銀行と連携しながら新しい金融商品，財務技法を開発しその国際財務活動を展開している。日本企業においても海外直接投資を増加させて海外進出を活発化させており，その海外での資本需要の増加に伴って活発に国際金融市場において資本調達を行っている。1980年代後半のバブル経済期には外貨資金やワラン

第4章　多国籍企業の資本調達－国際金融・資本市場における財務革新－

ト債を海外で多く発行して海外資金調達を行っていた。

　ここでとくに強調しておくべきことは，各国の国内市場において進展した金融の規制緩和やその自由化，国際化は，すでに1960年代の後半より多国籍企業が，ユーロ市場において実施していたものであるということである。多国籍企業は従来から各国が国内市場において規制していた措置が，ユーロ市場においてはその管理者がいないことから自由に行うことができることから，金利自由な複数通貨の調達と運用投資を行っていた。多国籍企業が海外直接投資を活発化させて，各国に相互に浸透し国内市場に定着していくのに従って，そのユーロ市場の自由でオフショアな活動領域とそこで展開されていた精緻で戦略的財務方法が，各国へと伝播して，そのことにより国際的に自由化，国際化への要請が強まっていったと考えることができる。経営財務活動の国際化も以上の背景と関係が深いことをまず初めに理解しておく必要がある。

　多国籍銀行と結びついた多国籍企業の最先端の財務戦略は，今日の国際経営財務活動の中核に位置していることを理解しておかねばならない。

　国際経営財務の研究にとっては，多国籍企業・銀行関係の基本的理解が必要である。世界各国に設立されている多国籍企業の海外子会社，関連会社と親会社とは大量の取引が行われていることから，すなわち大量の債権・債務が発生しているために，支払いと受取りを相互に相殺（ネッティング）して，必要資金量と資本コストを節約する。それら国際的な規模での商業信用の利用は資本管理の財務活動であるが，それは海外に多くの支店と子銀行を持つ多国籍銀行との提携なしには成しえないことである。

　株式会社機構を幾つも重層化した多国籍企業という国際的な規模の個別資本の循環・回転運動が，貿易信用（外国為替市場）やユーロ市場を中心とした国際的な銀行信用・資本信用（国際金融・資本市場）といった信用機構をベースに促進されている。金融上の規制のないユーロ市場の拡大と本国からの規制を受けない自由市場でのユーロ銀行（多国籍銀行の海外子銀行），そして多国籍企業の資本調達などが一体化されて展開されていることを理解することが重要である。とくに1980年代からのEC域内市場統合，さらに今日では欧州連合（EU＝

European Union)の形成，ヨーロッパを中心として巨大銀行間で金融市場拡大と重なり合って金融グローバル化が展開している。とくにユーロ市場においては，変動金利（フローティング・レート），各種スワップ，変動金利債，などの新しい資本調達方法が考え出された。こうした新しい財務方法は多国籍企業と多国籍銀行によってユーロ市場で利用されて企業の国際財務活動に組み込まれていく。

3 多国籍企業の資本調達と金融子会社の役割

多国籍企業の資本運動は，クロスボーダー，クロスカレンシーで行われているために国内企業と比べて広範な調達源泉と財務方法を持っている。とくに各国の税制度の差異を利用して資本調達コストの低減を図り，また課税回避を行うなど最適な資本調達政策を考える。アメリカ多国籍企業においては，海外直接投資に占める再投資利益割合の増加，すなわち海外子会社の収益力，自己金融の厚さが外部金融の多様化を可能にしている。つまり支配資本としてのエクイティ，自己資本の増大が他人資本を引き付けるのである。巨額の国際資本調達と投資の機能は，親会社に権限が集権化されている海外金融子会社や地域本部が専門に行っている。

多国籍企業の金融子会社は，すでに明らかにしたようにオフショアセンターやタックスヘイブン（課税回避国）に設立される場合が多い。その機能は，設立された国の税率の違いにより優遇措置を受けるが，持株会社機能，資本調達機能および利益プールの機能を担っている。また各子会社の株式を所有して地域統括本部の役割をも担っている。それは，保有した証券に支払われる配当金や利子に源泉課税されるのを回避したり，配当金の再投資に対する課税を回避する目的を持っているからである[1]。海外金融子会社や海外地域本部が，本社の完全所有子会社である理由がそこにある。その場合に配当金を支払う子会社

---

1) 竹内一郎監修，荒井勇，河西宏之，原信，本田敬吉編集『国際金融・資本市場』有斐閣，1988年，109ページ。

第4章　多国籍企業の資本調達－国際金融・資本市場における財務革新－

所在国での課税回避が必要であるために，持株会社が低課税国というだけではなく，配当金に対する源泉課税を免除する租税条約が，子会社所在国との間に締結されていることが必要である[2]。

　金融子会社は，親会社に代わって財務機能を担っており，親会社保証の下でユーロ市場から各種通貨建ての中・長期の資金を調達し，それを親会社や海外子会社に融資する。それは子会社が独自に調達するよりも，課税上の優遇措置を受けることができるので低コストの資本調達が可能となる。多国籍企業は，複数の通貨をユーロ市場から調達することから，金融子会社もそのためにロンドン，スイス，オランダ，ルクセンブルグそしてカリブ海諸国のタックスヘイブンに多く設立されている。

　日本企業は，1980年代の円高が進む中で積極的に海外進出を進めた。日本企業は1980年代に急速に海外進出を増加させたことから1980年が日本企業にとっての国際化元年といわれている。その中で日本企業は多国籍化を強化するために海外に多くの金融子会社を設立した。海外金融子会社がタックスヘイブンに設立された場合には，その活動が課税回避や脱税行為を目的とすることが多いことから，日本では1985年に租税特別措置法を改正し，脱税行為に対しての税制度を強化したことから，金融子会社の機能が，タックスヘイブンを利用した課税回避や利益プールの機能が減少して，資本調達機能に比重が置かれるようになったといわれている。しかし課税回避の機能は減少したわけではなく第3章でも論じたように無形資産，知的資産の取引において頻繁に行われている。

　金融子会社の設立はタックスヘイブン諸国だけではない。日本企業は金融の自由化，国際化に対応して，1982年頃から多様な資本の調達と有利な資本運用を目的とした金融子会社を設立し，1987年にはそれが271社に達したという[3]。日本経済新聞（1987年12月12日）によれば，1987年度のその内訳は国内30社，海外33社であり，海外ではオランダへの設立が16社と最も多かった。その理由は，

---

[2]　日本興業銀行企業金融研究会編『ニューコーポレートファイナンス』日本経済新聞社，1988年，116ページ参照。

[3]　日本経済新聞1987年，12月12日付。

オランダが外国の金融子会社に対して為替管理がほとんどなく，また税制面でも低課税率であり，それだけ海外金融子会社にとっては有利であるために低利の資本調達方法であるCP発行を目的とすることからであったといわれている。またアイルランド政府は，外国企業に対する優遇税制は第3章でも検討したように国家の財政難と国内企業及び政府からの批判によって，2014年度に廃止された。

金融子会社の機能は，多国籍企業全体の資本調達を一括して集中して行うので調達コストの低減を達成することができる。またタックスヘイブンに設立した場合には，すでに述べたように節税効果を持つことができる。そして金融子会社の特徴は，購買，製造，販売の子会社とは異なり，利益と資本に直接かかわる活動を行うことから，常に親会社の100％完全所有により本社集中のコントロールの下におかれて運営されている。また金融子会社は，ユーロ市場において，多国籍銀行のユニバーサルバンキングと関係を持ちながら財務活動を展開している。その活動は，国際金融・資本市場での企業の活動動向や金融情報を収集するということから，多国籍企業の財務活動として重要な役割を果たしている。

4　ユーロ市場における資本調達

(1)　ユーロ市場の構造とその発展

1970年代に国際経済においてアメリカからの大量のドル流失によって，ドル過剰の下でユーロ市場が形成されたのであるが，多国籍企業にとってそれは外部資本の調達領域として重要な位置を占めることになった。アメリカから流出した過剰なドルが，ロンドンを中心にユーロ銀行に預金されたことからユーロダラーの市場が形成された。その後，自国から流出したユーロカレンシーは，ドルやポンドそして今日では単一通貨ユーロのユーロが加わり，巨大なオフショアの国際金融市場を形成するまでに至っている。ユーロ市場はユーロダ

第4章　多国籍企業の資本調達－国際金融・資本市場における財務革新－

ラーが多いが各種通貨から構成されており，短期貸付のユーロ通貨市場，中期貸付のユーロ・クレジット市場，そして長期の資本市場であるユーロ・ボンド市場の3重層から構成されている。それ以外に外債市場を含めて国際金融・資本市場といわれている。

　多国籍企業の資本の循環・回転は，貿易信用，国際的な銀行・資本信用により促進されるが，ユーロ市場とは，すでに述べたようにこれらのオフショアな領域，すなわち各国の信用規制の枠外に形成された外部市場（external market）である[4]。

　ユーロ市場の特徴は，金利規制や預金準備それに資金利用において通貨当局の規制がない自由市場であること，またそれを仲介するユーロ銀行は，本国の規制を受けないために証券業務をはじめとしてユニバーサルバンキングを行うなど，多様な金融業務を行うことができることである。そこには最終的な金融監督機関が存在しないこともユーロ市場が自由であることの所以である。

　ユーロ市場では，1980年代の中ごろまでユーロ通貨市場が最も規模が大きく，その中心的な位置にあった。ユーロ通貨とはすでに述べたように通貨の発行国以外の海外市場に預金・貸付された通貨を意味しておりドルが最も多かった。しかし1991年12月から1993年までのマーストリヒト条約の協議において欧州連合（EU）が形成され，さらに通貨統合（単一通貨ユーロの導入）が行われるまでは，先進各国の多国籍企業の海外進出の増大に伴って，ユーロ通貨もドルだけではなくマルクや円，フランそしてポンドがユーロ通貨として増加して，取引市場もロンドンをはじめとしアジアや中近東のオフショア・センターへと拡大していた。1980年代ではオフショア・センターは先進国の金融市場においても開設された。ニューヨークのIBFs（International Banking Facilities）やロンドン，香港，バーレーンは課税回避国ではないが，国際取引勘定においては源泉徴収税や預金準備率，金利規制それに為替管理がない，または原則自由な国々であ

---

[4] Dufey, Gunter &. Giddy, Ian H *The International Money Markets*, Prentice-Hall, 1978, Chapter 1（志村嘉一，佐々木隆雄，小林襄治訳『国際金融市場』東京大学出版会，1984年，第1章．

る。1986年には日本の東京JOM（Japan Offshore Market）において特別国際金融勘定が設定された。これも前者とほぼ同様の内容である5)。

　ユーロ通貨市場では，70年代から多国籍企業の資本需要の増加と発展途上国への大口貸付が増加していたことから，この市場は次第に長期性を強めてユーロ・クレジット市場への発展を示すようになった。ユーロ・クレジットとは，親会社や取引銀行が保証人になり無担保の中期・長期の貸付を行う方法であり，多国籍銀行が組成するシンジケート・ローンが主な形態である。ユーロ・クレジット市場は，巨大な多国籍企業，国際組織，発展途上国の政府などに貸し付けられる中・長期の貸付市場である6)。ユーロ・クレジットは基本的には中期の銀行貸付であるが，その貸付金利はLIBORと連動させたフローティング・レート（変動金利）で行われている。このフローティング・レートは，6か月間は固定されるが，その後は6か月先までのLIBORに基づいた新規のレートで行われる7)。つまり貸付期間中に銀行の被るリスクをカバーするために，ロンドンのインターバンク・レートに若干のプレミアムを加えて貸し付けられる。この市場は長期性を持つようになったことから長期の資本市場であるユーロ・ボンド市場と競合するようになった。ユーロ・ボンドとはすでによく知られているようにユーロ通貨を調達するために海外で発行される債券である。したがって，それは外債（Foreign Bond）とは異なっている。

　ここで強調しておくことは，1980年代に金融自由化，国際化の進展から金融競争が激しくなり，さらに世界的な低金利状況が融資において銀行利益が減少したことにより，ユーロ通貨市場の中に証券化の方向すなわちセキュリタイゼーション（貸付の証券化）の方向が強まったということである。1980年代に多国籍企業と多国籍銀行とによって国際金融市場においては新しい財務革新（革新的財務方法）が開発された。その中でとくに変動金利債（FRN = Floating

---

5) 大蔵省国際金融局編『国際金融』財経詳報社117-118ページ，竹内監修『国際金融・資本市場』有斐閣，101ページの図「世界の主なオフショア市場」参照。
6) Kettell, Brian, *The Finance of International Business*, 1979, p. 247.
7) *Ibid.*, p. 251.

Rate Note），スワップ（Swap）そしてNIFs（Note Issuance Facilities）の開発は80年代のユーロ市場の革新的財務技術と言われている[8]。このように中期・長期貸付を証券形態により，しかも主に3か月の短期の変動金利のロールオーバーで行うFRNや異種通貨間，異種金利間の債務交換（スワップ）の普及，そして一定の信用供与枠内で銀行のバックアップ付の短期約束手形発行というNIFsなどの方法は，すべて銀行経由で行われる。そのためにユーロ市場での銀行の地位は強固なものになる。銀行が貸付市場と債券市場の両方に関係を持つことになることから銀行の業務はより多様化する。

　ユーロ・ボンド市場の発展と相俟ってユーロ通貨が，各市場間のわずかな金利差からたえず市場乗り換えを繰り返して利子生み資本の運動を展開する。さらには内外金利差からも国家間で資本移動が繰り返されるから，銀行を中心に債券・債務の関係は著しく膨張してその信用関係は錯綜してくるのである。

(2) ユーロ通貨市場の金利構造と資本調達

　ユーロ通貨市場では銀行間取引が中心である。主な取引地はロンドン，パリ，チューリッヒ，ニューヨークなどである。この市場では，ユーロ銀行は公的な準備金要請に従う必要がないことから，それだけ国内市場よりも資金を多く預金と貸付けに回すことができる。また金利の上限規制や利子支払いに際しての規制や課税もないことから，国内市場よりも高い預金金利を設定できる。したがって貸付けにおいても国内貸付金利よりも低い貸付金利を設定できることから，それだけ融資拡大を図ることが可能である。これらの金利はすでに指摘したように3か月または6か月の変動金利が用いられている。

　このようにユーロ通貨市場では3か月ごとの変動金利LIBORに一定幅のプレミアムを上乗せした金利で貸付けが行われる。そのプレミアム幅は，その時の貸し手と借り手の信用力および市場における両者の力関係によって異なってくる。しかしこの市場では，金利自由であっても，それが国内の金融市場に挟

---

8) IMF, International Capital Markets, January, 1988, Chapter Ⅲ.

まれた範囲内での変動であって，通常では国内の金利幅に規制された中での動きであることが図4－3から明らかである。したがってユーロ市場は，常に国内の銀行信用と金融市場の動向に強く影響を受けている。また逆にユーロ市場が規制のない自由市場であるだけに，その市場の動きが国内の金融市場に対して強い影響力を持っていることは事実である。

さて1980年代の金融の自由化，国際化の潮流と1985年以降の世界的な低金利状況は，ユーロ市場での金利スプレッドを狭めると同時に，銀行の融資競争を激化させて銀行利益を減少させる要因となった。このことにより，ユーロ通貨市場は貸付けの長期化（ユーロ・クレジット）と貸付けの証券化（セキュリタイゼーション）の二つの性格を持つに至った。

多国籍企業と多国籍銀行は，このように自由化されたユーロ市場において新しい資本調達方法を考え出した。たとえば銀行が企業と一定期間に信用供与枠の契約を行い，その信用期間内にはじめの契約金額の限度まで企業の短期手形発行を保証（バック・アップ付）するリボルビング・クレジット・ファシリティ（Revolving Credit Facilities）や多国籍企業によるECP（Euro Commercial paper）の発行を行うことである[9]。

これらの方法は，いずれも貸付けを証券化し流動化させた形態である。もし企業の短期手形が売れ残った時には銀行が買い取るバックアップ付のものと，それがないものがある。近年では多国籍企業は資本の調達コストを削減する必要からバックアップなしの方法を多くとるようになっている。また企業が銀行を仲介して行う金利スワップや通貨スワップは，異種通貨への単なる交換ではない。それは資本調達において相互の債務を交換する方法であり，それによって資本調達コストを縮小することができ，1980年代以降から多国籍企業において頻繁に行われるようになった。

このように規制のないユーロ通貨市場は，自由なだけに多国籍企業と多国籍銀行によって新しい資本調達方法を考案する。

---

9) Folke,William Aggarwal, R.Jr.Raj, *International Dimensions of Financial Management*, PWS-KENT, 1988, pp. 123－125.

第4章 多国籍企業の資本調達－国際金融・資本市場における財務革新－

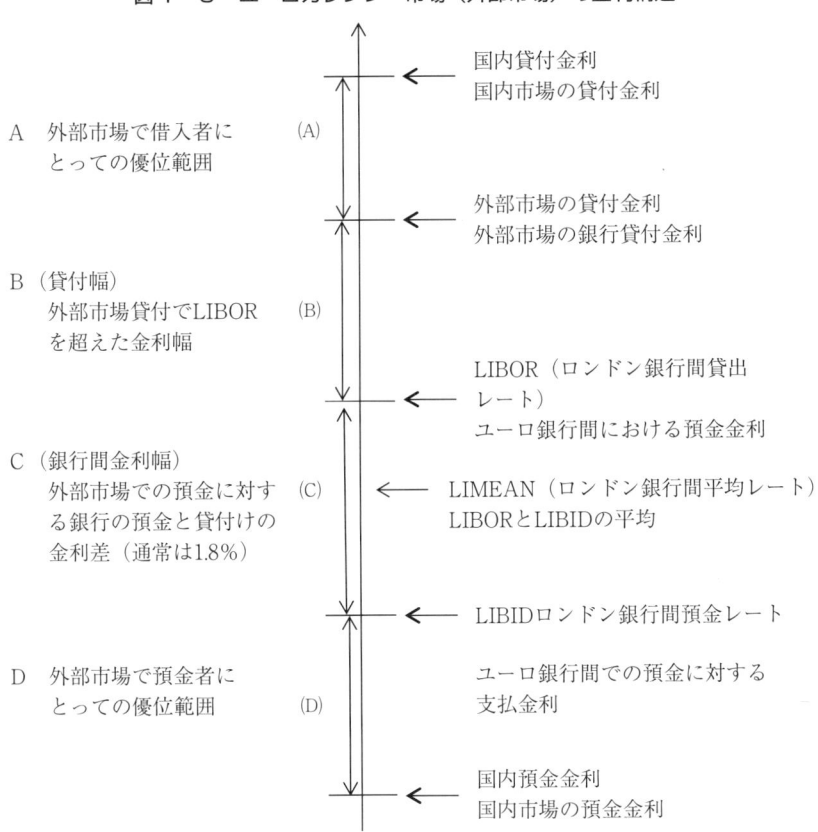

図4-3 ユーロカレンシー市場（外部市場）の金利構造

A 外部市場で借入者にとっての優位範囲 (A)
　　　　　国内貸付金利
　　　　　国内市場の貸付金利

　　　　　外部市場の貸付金利
　　　　　外部市場の銀行貸付金利

B （貸付幅）外部市場貸付でLIBORを超えた金利幅 (B)

　　　　　LIBOR（ロンドン銀行間貸出レート）
　　　　　ユーロ銀行間における預金金利

C （銀行間金利幅）外部市場での預金に対する銀行の預金と貸付けの金利差（通常は1.8％） (C)
　　　　　LIMEAN（ロンドン銀行間平均レート）
　　　　　LIBORとLIBIDの平均

　　　　　LIBIDロンドン銀行間預金レート

D 外部市場で預金者にとっての優位範囲 (D)
　　　　　ユーロ銀行間での預金に対する支払金利

　　　　　国内預金金利
　　　　　国内市場の預金金利

（出所）Folke, Jr., Aggarwal, Raj International Dimensions of Financial Management PWSKENT, 1988, p.121.

(3) 変動金利の概念と革新的財務方法，ユーロ・ボンド市場

　多国籍銀行と多国籍企業は，1970年代にユーロ市場において変動金利（floating rate）を開発した。金利はそれまでは，固定金利（fixed rate）が一般的であった。変動金利は，金利上昇時による金融資産の価値減少を防御し，また資本調達コストの削減を目的として多く利用されるようになった。それは，1970年から74年までの外国為替市場において先進諸国によるドルに対する変動相場制への移

143

行と軌を一にしているのである。固定金利に加えて変動金利が多く利用されるようになったことにより，1970年代以降からさまざまな財務革新といわれる方法が考え出された。先物取引，スワップ，オプションといったデリバティブ取引をはじめとして，資本調達では金利，通貨のスワップ取引などが考え出された。これらの革新的財務方法はほとんどが変動金利を利用したものである。

まず初めにユーロ市場における変動金利の特徴と発展について明らかにする。ここでは，George UgeuxのFloating Rate Notesに関する所説を参考にしながら論じておこう10)。

変動金利は短期金利である。金利が上昇する時期に中期，長期の貸付金利にこの短期金利が用いられた。これが最初に用いられたのは，1960年から成長しはじめたユーロ通貨市場においてであった。ユーロ通貨市場は，基本的にはユーロ銀行間の短期貸付市場であるが，そこで利用されている金利が変動金利としてのLIBORである。それは貸し出しにおいては借り手の信用力に応じて一定のスプレッドが加算される。これが変動金利の原型である。通常では貸し出される場合に，6か月LIBORを基準金利として相手の信用力により上乗せスプレッドが異なってくる。

この変動金利は，その後，各種の革新的財務方法に用いられることになって以来，国際金融・資本市場に普及していった。1980年代に多く行われていたシンジケーテッド・ローンは変動金利をベースにして行われていた。これは複数の銀行が中期・長期のローンを変動金利で貸し付ける方法であり，ロールオーバー・クレジットといわれており，大企業のクロスオーバーのM＆Aの融資において使われた方法である11)。

ユーロ通貨市場形成の発端は，旧ソ連（現ロシア）などの共産主義国が，彼らの所有していたアメリカ・ドルをアメリカの国外へ預金したことからであることは，すでに一般的に知られているところである。しかしこの市場の本格的な拡大は，アメリカの国際収支の構造的な赤字により，アメリカ政府によるレ

---

10) Ugeux, George, Floating Rate Notes (Second Edition), 1985, Euromoney.
11) 高橋昭三編『資本市場の変容と経営財務』中央経済社，平成4年，70ページ。

第4章　多国籍企業の資本調達－国際金融・資本市場における財務革新－

ギュレーションQやアメリカからのドル持ち出し禁止または制限措置が取られたことである。さらにはアメリカ多国籍企業の海外子会社による資金需要の増大にこたえるために，アメリカ多国籍銀行のロンドン子銀行がドル預金を供給する仲介を果たしたことを通じて，それらユーロ銀行間の短期通貨市場が形成されたことからである。この銀行間の短期通貨市場では変動金利を基準金利として貸出しが行われていた。

　この市場の拡大は，短期で引受けて複数の銀行が共同で中期・長期で貸付けるロールオーバー・クレジットの貸付形態をとるようになっていった。複数の多国籍銀行が共同して貸付けを行うユーロ通貨のシンジケーテッド・ローンである。

　ここで強調しておくことは，変動金利の普及がユーロ通貨市場において中期・長期化しはじめユーロ・ノート市場へと発展した。そしてRUF（Revolving Underwriting Facilities）やNIF（Note Issuance Facilities）といった方法，すなわち貸付けの証券化（セキュリタイゼーション）を発展させたことである。

　1960年代の後半から中期・長期の資本調達に適用された変動金利は，それまでは貸付けのローン市場に限られていたが，1970年代には変動金利概念がユーロ・ボンド市場へも導入されることになる。George Ugeuxは，長期の資本市場ではユーロ・ボンド市場がFRNs発行の最初であったと指摘している[12]。以下ではGeorge Ugeuxの説明を参考にしてユーロボンド市場におけるハイブリッドな各種債券を明らかにしておこう。

　George Ugeuxは，1960年代には短期金利は3％から7％の幅（1969年）で変動していたが，1960年代の後半からはユーロダラー市場において，短期金利は鋭く上昇し，1969年以降から10％以上に上昇した。そのため投資家は固定金利の中期・長期資産の獲得と短期預金の流動資金への切り替えとの間の選択をしなければならなかったと述べている[13]。また銀行は彼らの財務構造の悪化に直面したことがユーロダラー市場を発展させたとも指摘している。そして石油

---

12) Ugeux, George, *op.cit.*, p.3.
13) *Ibid.*, p.3.

ショックによる原油価格上昇がFRN市場を発展させた要因でもあった。

ユーロ・ボンド市場は，FRNsをその負債方法に最初に取り入れた市場であったが，George Ugeuxは，FRNsがユーロ銀行間レファレンス・レート（reference rate）と連動して変動する金利による中期・長期資金調達のために発行された国際債であると定義している[14]。1970年代はユーロ資本市場において変動金利を用いた各種のハイブリッドなFRNsの債券が発行されている。George Ugeuxは1979年に変動・固定金利ノートが，アメリカ資本市場と国際金融市場で発行されたことを指摘している[15]。この変動金利の債券は発行時に決められた条件で所有者により固定金利債へ転換できる債券である。

またFRNワラント債が発行された。これはあらかじめ決められた条件で固定金利債を購入できる権利（warrant）が付与された債券である。また株式を購入できるエクイティ・ワラント債のFRNsも発行された。さらにはFRN転換債（FRN convertible）の発行があったが，これはFRN warrant Noteと同じ範疇である。通常の固定金利の利率よりも低い金利で固定金利債へ転換できるものである。また3か月LIBORに応じて，期間調整した金利で発行されるRolling-rate Notesが発行された。そのほかの債券として1984年にMismatched FRNsがこの市場で発行された[16]。

FRNsは，国際通貨制度が不安定な時期と結びついて発展してきた。とくに1974年までの固定相場制であった時期以来，1970年代の2度にわたる石油ショックの時期に世界的なインフレーションが起こる中で，先進諸国が相次いで対ドルに対して変動相場制へ移行したことが大きな要因である。変動金利導入は，その時期に高金利の状況が発生していたことと関連が深いのである。つまりはインフレーションによる高金利から自らの金融資産を防御する最良な方法であった。

すなわちFRNsは，初めは1970年代初期に導入されたが，その後はGeorge

---

14) *Ibid.*, pp. 3-4.
15) *Ibid.*, p. 6.
16) *Ibid.*, pp. 6-8.

Ugeuxによれば，3つのサイクルで発展した[17]。第1のサイクルは1970年から74年の国際通貨制度が変動し始める時期である。70年代初期のアメリカによる金ドル交換停止などの国際通貨危機からである。短期のユーロダラー金利が1970年6月には10％前後であったが，72年6月には6％以下まで下がり，74年8月の変動相場制では14％以上に上昇するなど変動が繰り返されていた。第2のサイクルは1974年から79年である。2度の石油危機により世界的インフレから79年12月には15％まで上昇している。第3サイクルは1980年から84年の時期であり短期ユーロダラー金利が20％から84年末には10％以下まで急減している。

　こうした金利の乱高下により投資家は金融資産価値の防衛の必要性に迫られることになる。既述のように，変動金利の概念を説明してきたが，その発展は1970年代後半から国際金融市場において活発に利用されてさまざまな新金融商品に利用されるようになった。変動金利は固定金利に対応した概念である。伝統的な固定金利に変動金利が相対することによってフィナンシャル・スワップ取引が可能になる。国際金融・資本市場において財務的イノベーションといわれている各種スワップ取引や金融派生商品（financial derivatives）である先物取引やオプション取引は変動金利を利用した取引である。その中でも，フィナンシャル・スワップ市場は1980年以降から急成長を遂げた。次節では，変動金利を利用したフィナンシャル・スワップの仕組みとその発展を論じておこう。

5　スワップ取引の債務交換方法

(1) フィナンシャル・スワップの種類

　フィナンシャル・スワップの財務的効果は，企業の資本調達コストの縮小と財務リスクをヘッジするところにある。フィナンシャル・スワップの種類は複数ある。その基本は，金利スワップ（Interest-rate swaps）と通貨スワップ

---

17) FRNs市場発展の3つのサイクルは，*Ibid.*, pp. 16-31を参照した。

(Currency swaps) である。この2つがスワップの基本型であることから、この基本型をプレイン・バニラ（plain vanilla）とも呼んでいる。その応用型は複数あるが、最も利用頻度の多いのは金利スワップである。もし相手企業との契約が「その固定金利支払いを他の変動金利支払いとスワップするならば、それは金利スワップである」。もし「契約が債務通貨をたとえばスイスフラン返済をドル債務へとスワップするならば通貨スワップという」[18]。それは債務通貨の交換方法である。また金利スワップは、すでに述べた変動金利の開発により可能になった方法である。固定金利と変動金利の交換または固定金利の変動金利への交換 (fixed-for-floating rate swaps) が一般的である。元本の交換はなく支払金利のみの相互の交換が金利スワップであり、異種通貨の場合もある。

　他方、通貨スワップは、お互いに異種通貨での債務の元本を交換する方式である。

　ここで注意すべきことは、このスワップ取引は、あくまでも債務の交換方法であり、外国為替市場における通貨交換、外国為替の通貨スワップとは性格が異なることである。

　フィナンシャル・スワップは、企業の資本調達において、相互に債務を交換する方法であり、契約した相手（counterparty）の債務を支払う代わりに、自社の債務を支払ってもらうという交換方法である。したがって外国為替市場における通貨の単なる交換（通貨スワップ）とは異なっている。つまり相手の債務を支払う代わりに相手が自社の債務を支払うことにより、両社の信用力と市場の実勢からの金利差により、相互に資本調達コストを縮小するという目的を持っている。それは、従来から貿易で行われている商品の国際間の取引における比較優位の原則を金融市場へ応用したものである。

　国際金融市場では企業はそれぞれに信用力に格差がある。この企業の信用力の格差が金利差を生み出すのであるが、各企業に市場における信用力の格差による金利差がスワップ取引を可能にするのである。この格差をQSD（Quality

---

18) Eiteman, Stonehill, Moffett, Multinational Business Finance, eleventh edition, Addison Wesley, 2007, p. 474. 参照。

第 4 章　多国籍企業の資本調達－国際金融・資本市場における財務革新－

Spread Differential) というが，金融市場にQSDが存在することがスワップ取引を成立させる[19]。外国為替市場において，ある通貨の他通貨への交換が行われる通貨スワップとは性格が異なっていることに注意しなければならない。

　外国為替市場は，第二次世界大戦後に西欧諸国47カ国（連合国）が，アメリカのニューハンプシャー州ブレトンウッズで，戦後の経済復興を目的として，国際的な通貨体制の安定化を図るために，国際通貨基金協定（IMF）を締結した。しかしながらその後，それは1971年にアメリカ政府によりアメリカ・ドルと金との交換停止が行われたことから，先進工業国は73年には対アメリカ・ドルに対して固定相場制から変動相場制へと移行した。それによりブレトンウッズ体制は崩壊した。この時（1970年代初期）以来，外国為替相場は，変動相場制へと移行したことから，通貨交換も変動レートで行われるようになり，為替レートの継続的な変化に対して，多国籍企業においては為替のリスクヘッジが重要な財務活動になった。この変動相場制への移行は，フィナンシャル・スワップ発展の環境を作り出したことは事実である。

　スワップにはいくつもの発展した形態がある。Coyle, Brianによれば基本は4種類を上げている。エクイティスワップ，コモデティスワップ，それにクレジットスワップ（Credit Swaps）を指摘している。フィナンシャル・スワップはCoyle, Brianのいうクレジットスワップと同じである。クレジットスワップは，通貨スワップと金利スワップに分けられる。これには債務交換の場合と資産交換の場合があるという。しかし現実には債務交換のスワップが最も多く一般的に利用された方法であるという。したがって金利債務のスワップ，通貨債務のスワップ，それに金利資産のスワップ，通貨資産のスワップの4種類がその代表的な形態である[20]。通常ではスワップは債務交換のスワップ（liability swaps）を意味するのが一般的である。ここでは債務交換のスワップである金

19）　佐藤節也，吉野克文「スワップ取引の経済学的分析」『金融研究』第9巻第1号，日本銀行金融研究所，1990年7月。スワップ取引の発生に関しては，上記の文献が詳しい。

20）　スワップの種類については，Coyle, Brian, *Currency Swaps*, Glenlake publishing, 2000.に詳しく説明されている。

利スワップと通貨スワップが分析対象である。したがってスワップ取引は，資本調達の方法ではない。既述のようにそれは債務返済におけるキャッシュフローの変更を行うこと，調達資本のコストを縮小する目的で行われるのであり，債務返済額と返済金利を節約するための方法である。

このフィナンシャル・スワップ方法は，企業の財務活動における資本調達上の返済コストを縮小する方法である。初めの形態は，外国為替市場において，変動相場制へ移行した1970年代初期に通貨の交換としてはじまった。それが多国籍企業において実施されていた資本調達方法であるパラレルローンとバック・ツウ・バック・ローンがフィナンシャル・スワップの初期形態であった。この2つの資本調達のローンは後のフィナンシャル・スワップの原型である。以下ではそれを明らかにしておこう。

(2) フィナンシャル・スワップの原型

債務の交換方式であるフィナンシャル・スワップの原型は，パラレルローン（parallel loans）とバック・ツウ・バック・ローン（back-to-back loans）があり，それらは多国籍企業において行われていた。この2つの交換方法は通貨交換のスワップであるが，これは1970年代の初期にイギリス政府がポンドの国外流出を防止する目的から，外国為替取引に課税を行ったことが発端であった。これによりイギリス企業は海外への資本投資がコスト高になるために，国内資本投資を促進させる要因となった[21]。バック・ツウ・バックローンは，パラレルローンを単に変形した形態である。またバック・ツウ・バックローンが必然的に通貨スワップへと発展していく。パラレルローンもバック・ツウ・バックローンも，ともに取引相手とはお互いに独立してローン協定を結んだ形態である。お互いに最初に元本金額とその通貨種類，期間，返済方法などを取り決めて実施される。

まずはパラレルローンの事例を説明しよう。ここではKapner, Kenneth R. と

---

21) Kapner, Kenneth R. and Marshall, John F., *The Swaps Handbook*, 1990, NYIF, p. 6.

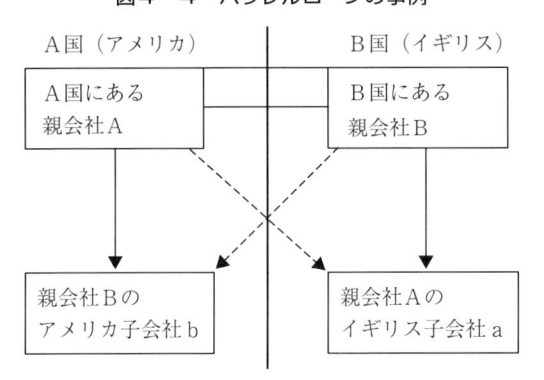

第4章　多国籍企業の資本調達－国際金融・資本市場における財務革新－

図4－4　パラレルローンの事例

```
    A国（アメリカ）      │     B国（イギリス）
  ┌──────────┐        │     ┌──────────┐
  │ A国にある  │────────────│ B国にある  │
  │ 親会社A    │              │ 親会社B    │
  └──────────┘              └──────────┘
        │  ╲              ╱       │
        │    ╲          ╱         │
        │      ╲      ╱           │
        ↓        ╲  ╱             ↓
  ┌──────────┐   ╳     ┌──────────┐
  │ 親会社Bの  │ ╱  ╲    │ 親会社Aの  │
  │アメリカ子会社b│      │イギリス子会社a│
  └──────────┘        └──────────┘
```

出所：K.R.Kapner and J.F.Marshall, The Swaps Handbook, p.9
　　　を参照し若干修正して作成。

Marshall, John F.の説明を参考にして検討する。

　まず①イギリスに本社のある親会社Bがアメリカに子会社bを設立している。②アメリカに本社のある親会社Aがイギリスに子会社aを設立している。③イギリス親会社Bのアメリカ子会社bはアメリカ・ドルを，またアメリカ親会社Aのイギリス子会社aはポンドの資本調達を必要としている。④イギリス親会社Bはそのアメリカ子会社bのためにイギリスの金融市場で一定期間ポンドを，たとえば9％のレートで借入れ，それを現在直物レートでドルと交換してアメリカ子会社bへ貸付ける。別の方法はアメリカ子会社bがアメリカ金融市場で直接，アメリカ・ドルを借入れる方法があるが，アメリカ子会社bはアメリカ市場では知名度が低いために資本コストが12％と高いレートであったと仮定する。⑤他方，アメリカ親会社Aについては，これと逆の立場であることを考えればよい。アメリカ親会社Aも同じ立場である。アメリカ親会社Aは，アメリカ金融市場では10％でドル調達できると仮定し，そのイギリス子会社aはイギリス金融市場でポンド調達には11％のレートであったと仮定する[22]。

　2つの子会社は，それ自身で借入れると，イギリス子会社aは借入金利がポ

---

22)　*Ibid.*, pp.7－9を参照。

ンド11％であり，アメリカ子会社 b は12％の資本調達コストがかかる。そこで２つの親会社ＡとＢが同時に両子会社の資本需要を持つことを認識するならば，それぞれに並行して（parallel）貸付けを行う。アメリカ親会社Ａは，アメリカにあるイギリスの子会社 b へドルを貸し付け，他方で同時に，イギリス親会社Ｂはイギリスにあるアメリカの子会社 a にポンドを貸付ける。２つの子会社が支払う親会社への金利はそれぞれの親会社が借入れた金利である。すなわちＢ社のアメリカ子会社 b は，ドルを10％で調達し（２％の節約），他方，Ａ社のイギリス子会社 a もポンドを９％で調達（２％の節約）し，それぞれに資本調達コストを削減できたことになる。

　この解決方法により，通貨の交換は発生しないし，通貨の取引にも両国政府による課税もない。しかし Kapner, Kenneth R. と Marshall, John F. は触れていないが，パラレルローンは相手を独自に見つけ出すのは困難である。当然に国際的な貸付けや金融業務で多くの顧客を抱えている多国籍銀行の仲介が必要である。

　バック・ツウ・バックローンは，パラレルローンと似た形態である。主な差異は，バック・ツウ・バックローンは，親会社同士での通貨の交換である。親会社同士で直接に貸付が行われる形態である。アメリカ親会社Ａが，ドルをイギリス親会社Ｂに，それと同時にイギリス親会社Ｂがポンドをアメリカ親会社Ａに貸付ける方法であるから，外国為替リスクを伴うことになる。お互いに支払金利（変動金利か固定金利か），借入期間，元本返済方法などについて，あらかじめ最初に同意書を作成することが必要である。お互いが債権者であるとともに債務者であるが，それぞれは独立していることを認識しておく必要がある。一方がデフォルトに陥り返済できなくなったとしても，他方の金利支払いと元本返済の義務は独立して存在することがこの形態の特徴である。つまりイギリス親会社Ｂがアメリカ親会社Ａに対してその義務をデフォルトしたとしても，アメリカ親会社Ａはイギリス親会社に対し，Ｂに対するその義務がなくなるわ

---

23) *Ibid.*, p.10.

けではないということである[23]。この場合にも，パラレルローンと同様にお互いの同意書を作成する必要があるとともに，相手を見つけることは単独では困難なことから，多国籍銀行の仲介が必要となる。

(3) 通貨スワップの構造

通貨スワップの発端はすでに述べた並行貸付け（パラレルローン）とバック・ツウ・バックローンである。通貨スワップはそれが1970年以来発展したものである。もっとも初期に知られているのは通貨スワップである。Coyle, Brianによれば，通貨スワップは，1981年8月にソロモン・ブラザース（Solomon Brothers）がIBMと世界銀行（World Bank）との間をアレンジメントした通貨スワップが最初であったと述べている[24]。それ以来，通貨スワップ市場は急成長を遂げた。

通貨スワップは当事者双方が優位性を持つ市場で，またその時の直物為替レートで固定して相互に交換して必要な通貨を調達する取引である。そこには元本の交換，金利の交換，そしてそれらの債務の相互の返済という3つの債務の流れを含んでいる[25]。

(4) 金利スワップの構造

金利スワップは，外国為替の通貨交換のスワップとは異なり，支払金利の債務交換であることはすでに指摘したところである。相手の金利債務と自分の金利債務とを相互に交換する財務方法であり，固定金利と変動金利との交換である。また異種通貨で行われることもある。国際金融市場においては企業の信用能力や格付けにおいて相違があり，それにより資本調達コストは異なってくる。

金利スワップの基本は，銀行が仲介することと銀行は当事者双方からの手数料をその収入としている。図4－5の場合には，A企業は固定金利の負債を多く所有していることから金利リスク削減の目的でそれを変動金利にスワップす

---

24) Coyle, Brian, *Currency Swaps*, Glenlake publishing, 2000, p. 25.
25) 高橋昭三編『資本市場の変容と経営財務』中央経済社，平成4年，78ページ。

ることから始まる。銀行に£固定金利8％を支払ってもらう代わりに，変動金利＄LIBOR＋0.3％を銀行に支払う。銀行はB企業との金利スワップにおいて，B企業から£固定金利8.20％を受け取り，＄LIBORをB企業に支払う。その結果，銀行は£固定金利0.20％＋＄LIBORの0.3％を利益として受け取る。そして現実には銀行は金利と通貨のスワップを同時に組んで実行する。図4－6がそれを示している。

金利スワップは図4－5のように金利が必ず変動金利と固定金利の交換になる。通貨の種類は同じ場合もある。図4－5の金利スワップの仕組みでは，固定金利と変動金利LIBORとの支払金利の債務交換である。

図4－5に示されているように，A企業は，£固定金利8％の受取り，＄変

図4－5　金利スワップの仕組み

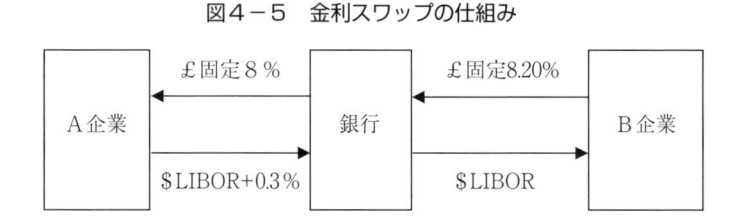

```
          £固定8％           £固定8.20%
  ┌─────┐ ←──── ┌─────┐ ←──── ┌─────┐
  │A企業 │        │ 銀行 │        │B企業 │
  └─────┘ ────→ └─────┘ ────→ └─────┘
        $LIBOR+0.3%          $LIBOR
```

図4－6　通貨スワップと金利スワップの混合形態

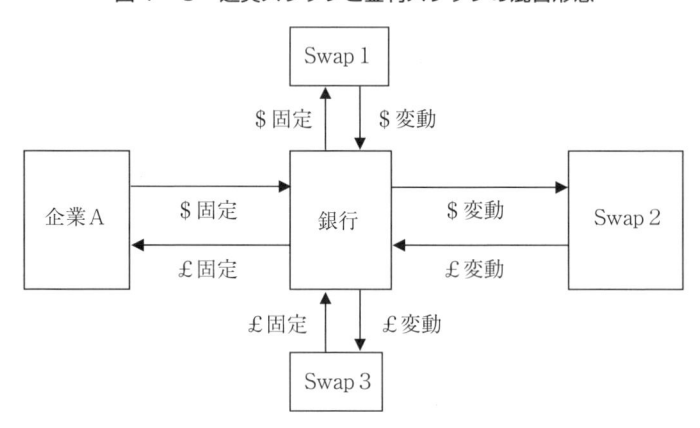

```
                    ┌──────┐
                    │Swap 1│
                    └──────┘
                    ↑ $固定  ↓ $変動
  ┌─────┐  $固定   ┌─────┐  $変動   ┌──────┐
  │企業A │ ──────→ │ 銀行 │ ──────→ │Swap 2│
  │      │ ←────── │      │ ←────── │      │
  └─────┘  £固定   └─────┘  £変動   └──────┘
                    ↑ £固定  ↓ £変動
                    ┌──────┐
                    │Swap 3│
                    └──────┘
```

出所：Coyle, Brian, Currency Swaps, Glanlake publishing Co., 2000, p.40 から引用。

第4章　多国籍企業の資本調達－国際金融・資本市場における財務革新－

動金利LIBOR＋0.3％の支払いである。そのことにより固定金利支払いを変動金利支払いに交換している。アレンジメントをする銀行は£固定金利0.2％とLIBOR 0.3％の利益を得ている。図4－6の混合形態では，企業Aと銀行とスワップ2は通貨スワップであるが，その他は金利スワップである。現実にはこのように銀行が仲介してアレンジメントを行って，各企業の要望に沿って調整する。これが多国籍銀行の主要な金融業務でもある。

　もしすべての企業が自由に金融市場へ接近できるならば，また金利構造において比較優位による金利差が存在しなければスワップ取引はほとんど行われないであろう。各企業ごとに信用力に差異があり，企業に対して金利差が発生することからスワップ取引が存在する。つぎに金融市場が各企業に与える金利差

図4－7　比較優位性とスワップ構造

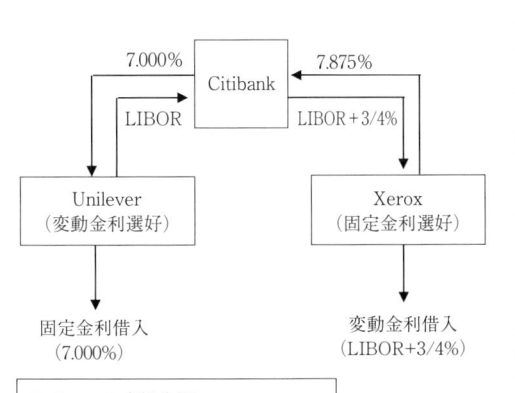

```
                7.000%         7.875%
         ┌──→ Citibank ──→
         │                  │
       LIBOR             LIBOR＋3/4％
         │                  │
         ↓                  ↓
      Unilever            Xerox
    (変動金利選好)       (固定金利選好)
         │                  │
         ↓                  ↓
      固定金利借入       変動金利借入
       (7.000％)        (LIBOR＋3/4％)
```

金利スワップの相互の利益
Unileverの利益
　固定金利受取り＋7.000％
　変動金利支払い（LIBOR）
　利益変動1/4％（＝0.25％）
Xeroxの利益
　変動金利受取り＋LIBOR＋3/4％
　固定金利支払い 7.875％
　利益：固定 8.000％－7.875％
　　　＝0.125％
Citibankの利益
　固定：7.875％－7.000％＝0.875％
　変動：LIBOR－（LIBOR＋3/4％）
　　　＝－0.75
　利益：0.875－0.75＝0.125
三社の合計利益：0.5％

Unileverの市場金利
固定金利借入れ：7.000％
変動金利借入れ：LIBOR＋1/4％
Unileverは，優良企業，市場格付けはAAA

Xeroxの市場金利
固定金利借入れ：8.000％
変動金利借入れ：LIBOR＋3/4％
市場格付けはBBB

出所：Eiteman, Stonehill, Moffett, Multinational Business Finance, eleventh edition, Addison Wesley, 2007, pp.476-477参照。
（注）　上記文献では，銀行の利益と市場格付けによる金利差の利益配分の記述かなかったので筆者が加筆した。
　　　合計利益額：0.25＋0.125＋0.125＝0.5％，こうした利益が生ずるのは，市場評価の金利差から生まれる。
　　　Unilever 固定7.000％とXerox 固定8.000％の差＝1％
　　　変動LIBOR＋1/4％と変動LIBOR＋3/4％の差＝2/4％　　1％－2/4％＝0.5％

による比較優位性の事例を見ておこう。

上記の比較優位の説明は以下のようである。Eiteman, Stonehill, Moffettの設例に沿って説明しよう。

図4－7「比較優位性とスワップ構造」は，ユニレバーとゼロックスの比較優位性を利用した負債金利削減の金利スワップである。仲介銀行はシティバンク（Citibank）により行われている。

両社は各々5年間の借入金3,000万ドルがある。金融市場はユニレバーに対して信用格付け最上位のAAAを付けている。ユニレバーは，3,000万ドルを固定金利で借入れており，それを変動金利へスワップすることを望んでいる。他方，ゼロックスは，信用格付けは低くBBBである。そして3,000万ドルは変動金利借入れであり，それを固定金利へスワップすることを望んでいる。シティバンクが両社の有利な市場での借入れとスワップをアレンジメントしている。

① まず両社は各々比較優位な市場での借入れを行う。ユニレバーは，固定金利7.000％で借入れを行う。これは固定金利市場ではゼロックスよりも1.000％低い借入れである。また変動金利についてはゼロックスの変動金利3／4％に対して1／4％で借入れ可能であるから，1／2％低い金利での借入れが可能である。ユニレバーは，シティバンクとの間で，固定金利受取り・変動金利支払い，のスワップを行う。故にシティバンクは，5年間にわたりユニレバーに代わって7.000％の固定金利債務支払いに同意する。そしてユニレバーは，次にシティバンクに1年LIBORの変動金利を支払う。

② ゼロックスは，金融市場において，まず変動金利LIBOR＋3／4％で借入れを行う。そしてシティバンクは，ゼロックスに変動金利債務支払いに同意する。またゼロックスは固定金利8.000％よりも低い固定金利7.875％を支払うことに同意する[26]。

---

26) 以上の内容は：Eiteman, Stonehill, Moffett, *Multinational Business Finance*, eleventh edition, Addison Wesley, 2007, *op. cit.*, p.476.参照。

第4章　多国籍企業の資本調達－国際金融・資本市場における財務革新－

したがって金利スワップの利益は，ユニレバーの固定金利7.000％はシティバンクが行う。

ユニレバーの借入金固定金利	（7.000％）	
固定を変動へスワップ	＋7.000％	固定金利受取り
	（LIBOR）	変動金利支払い
正味金利（債務＋スワップ）	（LIBOR） [27]	

ゼロックスは，変動金利LIBOR＋3／4％で借入れを行っている。それを固定金利へスワップするが，変動金利LIBOR＋3／4％を受取り，固定金利7.875％を支払う。

ゼロックスの変動金利借入	（LIBOR＋3.4％）	
変動を固定へスワップ	＋LIBOR＋3.4％	変動金利受取り
	（7.875％）	固定金利支払い
正味金利（債務＋スワップ）	（7.875％） [28]	

以上のことから借入れによる金利スワップの利益は以下のようになる。

	ユニレバー（U.K.）	ゼロックス（U.S.）
直接に市場から借入の場合	変動金利LIBOR＋1／4％	固定金利8.000％
スワップを行った場合	LIBOR＋0％	7.875％
節約金利	＋1／4％	＋0.125％ [29]

両社は直接に金融市場から借入れるよりも，スワップを行いユニレバーは借入金の支払金利を変動金利1／4％節約し，そしてゼロックスは固定金利を0.125％節約することができた。それを可能にしたのは，金融市場が企業に対して比較優位性の金利差をもたらしていることからである。また一種類の金利ではなく異種類の金利の存在がスワップ取引を可能にしていることである。固定金利のみでなく自由金利としての変動金利，すなわちライボーが考案されることによりスワップ取引や各種デリバティブ取引が可能になっている。

---

27)　*Ibid.*，p.477.
28)　*Ibid.*，p.477.
29)　*Ibid.*，p.477.

6 ライボー・スキャンダル

　多国籍銀行間で利用されているライボーの設定において不正事件（LIBOR Scandal）が起こった。ロンドンに居住している多国籍銀行がイギリス銀行協会にロンドン銀行間貸し手レートであるライボー（LIBOR = London Interbank Offered Rate）を毎日朝11時までに申請するが，それに基づいて申請レートの平均を算出してレファレンスレートとしてライボーが算出される。その申請レートを不正に誘導（申請銀行の利益に有利な金利，申請レートを低くするか高くするかはその時の状況，トレーダーの判断による）したというものである。事件は，バークレイズ銀行のトレーダーが金利操作を行ったというものである。

　多国籍銀行は，海外活動において多くの種類の通貨，多額の資本調達を必要とするが，それが多国籍銀行の発展とユーロ通貨市場の拡大をもたらしたことはすでに指摘したところである。ユーロ通貨市場における資本調達は規制のないユーロ通貨の調達であるために，それは各国金融当局の規制が存在しない自由市場での資本調達である。多国籍銀行同士の自由市場として成立している。そこでの変動金利であるライボーが，基準金利として形成され広く普及されるようになった。それは短期のユーロ通貨を中心に形成されたものである。取引通貨はユーロドルが多く，さらには1990年以降からはEU形成に伴い共通通貨としてのユーロ€がユーロ・ユーロとして加わり，ユーロ円を含めて拡大した市場を形成している。

　しかし，ユーロ通貨については各国の規制がないことから，自由金利としての金利形成のプロセスにおいて常に曖昧さ，不明確さが存在している。以下のバークレイズ銀行スキャンダルは，Financial Timesの2012年7月19日の報道によるものである。

　2012年6月に，アメリカとイギリスの金融当局は，バークレイズ銀行（Barclays）のトレーダーが，このライボー申請において顧客の利益を図るために虚偽の報告をして不当に金利操作（lowballing）を行っていたと述べている。

第4章　多国籍企業の資本調達−国際金融・資本市場における財務革新−

　その不正な金利操作は，トレーダー（trader）が顧客の要望に応じたり，自ら不正を行い金利を上げたり下げたりする操作を長年続けていた。その申請金利の不正操作に対して，両国の金融当局はバークレイズ銀行に対して4億5,000万ドル以上（2億9,000万ポンド＝約360億円））の罰金を科した。バークレイズ銀行がそれを認めたことから事件として発覚した。

　ライボーがどのように形成されるかはFinancial Times 2012年7月19日付にて以下のように説明されている。

　①世界の大銀行が，毎日，借入における金利を考えて銀行パネルに提示する。ドル以外各種通貨，借入期間も同時に提示する。②各々の申請レートは，毎朝11時に提示される。③トムソン・ロイター（Thomson Reuters）が，最も高い方のレートと最も低い方のレートを削除して，残りの中間金利4分の2の金利を平均して算出した平均金利（ライボー）を提示する手続きをとる。④ライボーは故に12時に公表され，そして世界中の100万以上の銀行スクリーンに発表される。⑤ライボーは住宅ローン，企業ローンそしてクレジットローンさらにデリバティブなど，さまざまな金融資産取引の金利として広く利用されている。

　ライボーの貸出金利は，毎日銀行のパネルに10種類の通貨と15種の期間が表示されている。その中で最も重要なレートは3か月ドル・ライボーであり，各銀行は，毎朝11時までに他銀行から申請された3か月ドル借入金の支払いレートを提示し，ドル金利がパネルに見積レートとして毎日表示される[30]。

　また，The Economistは，ドル・ライボー設定においては，現在は18の銀行の申請レートを基礎に算出されていると述べている。The Economistによれば，ライボーの金利決定方法は，まず銀行の申請レートの最上位から4行までと，最下位から4行までの8行の申請レートが削除される。そして残りの10行からの見積レートの平均を算出する。これが毎日行われているライボー金利決定の手続きである[31]。

　Financial Times（2012年7月5日付）によれば，2005年から2009年までにバー

---

30) The Economist, seven July 2012, p.23.
31) Ibid., p.23.

クレイズ銀行は，デリバティブ取引業者からのリクエストを考慮して見積レートの申請において低いレート申請を行っていたという。また2008年8月にはメディアは，ライボーの見積レートが市場状況を反映していないことを報じていたが，その年の9月にリーマン・ブラザース（Lehman Brothers）が倒産し，翌月には世界中の中央銀行が，それぞれに金利を引き下げた。その後，2012年1月にロンドンやアジアのトレーダーたちが金利不正操作により逮捕された。バークレイズ銀行はアメリカとイギリス当局に4億5,000万ドルの罰金を科せられた，と報じられた。

ライボー設定のプロセスは，現実にはルーチン化している。第一には銀行間での貸借の場合に，それは，現実に行われたレートよりもむしろ銀行の見積レートに基づいたものである。したがって，それは「取引の報告が存在しない。現実には市場で行われたことも誰も知らないと大銀行のライボー設定にかかわりを持ったトレーダーが述べている」，といわれている[32]。第二の問題は，銀行はライボーが毎日設定されるレベルに依存して，彼ら銀行の利益を得るか損失を被るかの立場にある。そのためにレート設定において自己に有利となるように常に誘因が存在するということである[33]。

このようにライボー設定のメカニズムには欠点があり，その不正を防止できなかったことは問題であるが，さらに重要なことは，ライボーが世界中の金融取引の基準金利として利用されていることである。住宅担保ローン，クレジットローンや企業の借入金利として，さらにはデリバティブ取引，スワップ取引の基準金利としてグローバルに利用されていることである。ライボーを基準金利とした金融資産取引額は世界全体で360兆ドル（約2京4,000兆円）に達している（Financial Times, 2012年7月13日付を参照）。

イギリス政府は，今後はライボー金利を算出・管理する権限を民間組織である英国銀行協会（BBA）から英国金融サービス協会（FSA），または英国中央銀行へ移行させて透明性を持たせて，公的管理のもとにする意向であるという

---

32) *Ibid.*, p. 23.
33) *Ibid.*, p. 23.

第4章　多国籍企業の資本調達－国際金融・資本市場における財務革新－

（日本経済新聞, 2012年9月29日付）。

　このようにライボーは, ユーロ市場に進出した先進国の多国籍銀行が相互に銀行間貸出金利ライボーを設定し, 相手の信用に応じて＋aを上乗せする金利として普及してきた。世界の金融・資本市場における金融資産の基準金利としてライボーは普及している。とくに変動金利が多国籍銀行によって考案されたこと, また多国籍企業がその利用と普及の主役であったことは理解しておかねばならない。そして従来からの固定金利に対応させて, 変動金利が考案されたのも多国籍銀行によるものであった。それは世界に金融の自由化と国際化を浸透させるものであったことも, 併せて理解しておくことが必要である。それだけにその金利設定のプロセスは公的に管理され, 透明性と公正さがより一層強く要求されるのである。

第5章　多国籍銀行の発展と国際化戦略

1　はじめに

　多国籍企業と多国籍銀行は，1950年代後半からの産業部門と金融部門の国際化において，最も重要な影響を持っていた。銀行の海外進出は，第二次大戦後の多国籍企業の成長とともに増加したが，1950年代後半からのアメリカ多国籍企業の成長が，その海外資金需要の増大からアメリカ多国籍銀行の海外進出を活発にした。さらに多国籍企業の国際活動に伴うクロスボーダーの資金循環の高まりは，ユーロ市場の形成と拡大をもたらし国際金融・資本市場の発展を促進した。そして1970年代からの金融のグローバル化は，金融機関の国際化と銀行業務の多角化を一層促進し，多国籍銀行の国際金融業務を拡大した。このように多国籍銀行の成長は，製造企業の多国籍化とそれに伴う国際的な資本需要とに密接な関係を持っていた。

　しかし銀行の海外進出は，すでに19世紀にイギリスをはじめとするヨーロッパを中心に外国貿易が盛んであった国々においてみられる。それは植民地支配と結びついていたことから，製造企業の直接投資による海外進出よりも早くから銀行の海外進出があった。

　銀行と企業の関係は，いずれの国においてもその国の経済がどのような発展過程を経たかによって異なった構造と特徴を形成している。直接金融が20世紀初頭から定着していたイギリスやアメリカと比べて，間接金融が経済構造および企業金融の基盤をなしている日本とは銀行の役割や位置付けは異なっている。20世紀初頭にはすでに資本市場が発展し，直接金融が広範に定着していたアメ

リカやイギリスにおいては，それだけ金融の自由化や，規制緩和，セキュリタイゼーションを早く進めやすかった。それに対して日本のように長い間，固定的に間接金融が経済構造の中に定着し，それが企業金融の特徴であった国では，金融自由化の波が遅れていただけに，その自由化が一層激しくあらわれ，またそれだけに金融機関相互の競争も激しくなった。とくに企業と銀行は，先進国ではお互いに株式所有，融資系列関係の形成や役員派遣を行って集団的な互恵関係をつくり，コンツェルンや企業集団等の巨大な金融・産業資本を形成している。日本では，とくに1980年頃までは，間接金融を基礎にして融資系列と株式相互所有が企業と銀行の関係をより強いものにしており，そのためにそれが直接金融の発展を阻害する側面を持っていたことを指摘しなければならない。

　銀行は，今日では手形の割引，預金・貸付，証券引受けや為替取引といった伝統的金融業務に加えて，企業の合併・買収に絡んだコンサルティング業務を行い，さらに1970年以降の金融自由化の中でデリバティブ（derivative）といった新しい派生的金融商品などの開発やその他さまざまな投資金融業務を行うようになった。こうした新しい金融業務は，情報通信技術の発達によって可能となったが，とくに商業銀行は，金融自由化，国際化の下で持株会社制度を利用して投資銀行業務へとその金融業務を多角化している。企業に対する融資や手形割引，証券引受けなどを通じて銀行信用，資本信用の領域を拡大し，国際的な規模で商業・産業企業の資本循環を促進する機能を果たすようになっている。商業銀行は，先進国では1970年代からの金融の自由化，国際化のもとで，従来からの銀行業務として安全性の高い伝統的な預金貸付業務（金融仲介業務）を主体としていたが，それに加えてノン・バンキング業務やその他の投資業務など，リスクとリターンの高い金融業務へと進出した。そのことは銀行が金融市場（狭義）のみでなく，資本市場（証券市場）へとその活動範囲を拡大したことを意味することから，それだけ金融機関相互の競争が強くなっている。銀行間の競争に加えて銀行以外の金融機関との競争にさらされることになるために，銀行の金融競争の戦略は，より高い市場リスクを含むから精緻なものとなる。またそれは，銀行が銀行業務の多角化を進める中で間接金融と直接金融の統合

という金融・資本市場の一層の拡大を創出することになった。また企業においても，金融資産投資を活発に行い，金融利得を獲得する投資行動が一般化することによって，金融経済を一層拡大させた。

　本章の課題は，1980年代以降の総合的金融機関に成長した多国籍銀行の発展と戦略的提携を明らかにすることである。2では銀行の国際化と多国籍化の歴史およびアメリカの多国籍銀行のM＆Aを検討している。3では1980年代の金融の規制緩和（deregulation），自由化の下での多国籍銀行の戦略パターンを企業財務との関係から明らかにした。また世界の多国籍銀行の自己資本比率と収益性を国際化戦略と関連させて論じている。

2　銀行の国際化と多国籍化

(1)　初期の海外進出形態

　銀行の海外進出は，19世紀初期からヨーロッパの銀行，とくにロンドンに本社を置くイギリスの銀行においてみられた。Jones, Jeoffrey，は，イギリスの銀行の海外進出は1830年代に盛んになったが，それ以前においても他国の銀行システムへのイギリスの影響は大きかったことを指摘している[1]。多くのイギリス人は，オーストラリア，カナダ，アメリカ，西インド諸島へと移民していたが，彼らはそれらの植民地ですでに銀行を設立していた。しかしそれらは，今日いうところの銀行の海外進出とは異なり，イギリス人移住者が植民地支配の下で設立したものであり，本国からの支配という形態をとったものではなかったことから，多国籍的な海外直接投資の形態と同じではなかった。

　イギリスの銀行が本格的に海外進出を開始したのは，Jones, Jeoffrey，によれば1830年代に入ってからであり，海外支店の設立をはじめてからである。当

---

1)　Jones, Jeoffrey, *British Multinational Banking 1880 – 1990*, CLARENDON Press, 1993, p.13.（坂本恒夫，正田繁監訳『イギリス多国籍銀行史－1830～2000年－』2007年11月，日本経済評論社，22ページ）

時,イギリスの植民地であったオーストラリア,カナダ,西インド諸島では,多くのイギリス人移住者と羊毛および砂糖の価格高騰のブームから,それらの地域へのイギリスの銀行の進出が活発であった。たとえば,1836年に創立されたColonial BankとBank of British North Americaは,イギリス領の西インド諸島や南米のガイアナ,そして カナダに進出していた[2]。また1835年から37年には,オーストラリアで活動するために,ロンドンにはBank of AustralasiaとUnion bank of Australiaが設立され,またオーストラリアにBank of South Australiaが設立されていた[3]。さらには1839年にはイギリス保護領である地中海のイオニア諸島にIonian Bankが設立されている[4]。これらの1830年代に設立されたイギリスの銀行は,主に外国貿易のための為替決済業務に従事しており,イギリスの貿易商人と結びつきの強いものであった。

　次にアメリカの銀行の海外進出についてみておこう。

　アメリカの銀行が海外進出をはじめた最初は,Khoury, Sarkis J. によれば,1840年代後半からである。モルガン商会が,すでにその当時からロンドンと深い関わりを持っていた。また1887年には,Jarvis-Conklin Trust Companyがロンドンに支店を開いていた。その後,1914年には,まだアメリカの銀行の海外支店は僅かに25店であったが,しかし世界全体ではすでに2,000以上の支店が開設されていた[5]。

　アメリカの銀行の海外進出が遅れていたのは,1913年の連邦準備法制定以前には,国法銀行は海外の提携銀行（correspondent banks）を通じて海外市場へ接近できるのみで,外国支店を持つことが禁止されていたことからである。その後,同法第25条によって資産100万ドル以上を持つ銀行は,外国支店を持つことができるようになったが,Citibank of New Yorkはすでに1897年には外国部門を設立していた。Citibankは同法認可後,1914年にはブエノスアイレスに

---

2) *Ibid.*, p.14. 同訳書22ページ。
3) *Ibid.*, p.14. 同訳書22ページ。
4) *Ibid.*, p.14. 同訳書22ページ。
5) Khoury, Sarkis j., *Dynamics of International Banking*, Preager, 1980, p.38.

支店を開設し，1915年にはInternational Banking Corporationの支配権を取得して13カ国に21の支店網を確立し，1930年代にはさらに23カ国に100店の海外支店をもっていた。これは当時のアメリカの銀行の海外支店全体の75％以上にあたる[6]。アメリカの銀行の海外支店は1920年には181店に増加していたが，その後，急拡大した銀行業務に対する未熟さや過剰な投機的貸付け，経常費の高騰，ヨーロッパ金融危機や大不況を原因として1945年には72店にまで減少した[7]。

銀行の海外進出の初期の活動は，貿易商人と結びついた為替決済業務が中心であり，商業資本と銀行資本とが結びついた形態であって，産業企業への融資業務など長期の設備資金への融資，貸出し業務といった製造業と結びついたものではなかった。銀行の海外進出，その国際化の本格的な展開は，その後の製造業の発展すなわち産業資本の拡大と関連した銀行業務が，資本主義経済社会において重要な位置を占めるようになってからである。

とくにアメリカの銀行の海外進出が増加するのは，やはり1958年のEEC成立により外国為替取引の解禁とヨーロッパの通貨の交換性回復以降からである。それはEEC域内市場へ大量に進出したアメリカの多国籍企業の資本需要と資本管理，海外直接投資の増大と関連性が深いものであった。すなわち銀行の国際化は，早い時期からみられたが，多国籍銀行としての発展はまさに1960年以降からであり，銀行多国籍化は，その国際業務が1960年以降からの多国籍企業の財務活動と結びついて新しい内容を含むようになったことと密接な関係がある。

(2) アメリカの銀行の国際化

銀行の国際化は，海外支店と海外子銀行の増加がそのメルクマールになる。銀行の国際化は第二次大戦後，多国籍企業の活動と結びついて多国籍銀行化の方向を強めることになった。多国籍銀行の定義は，第一に，その海外支店

---

6) シティバンクの海外支店状況は，*Ibid.*, p.39による。
7) *Ibid.*, pp.39-40.

(foreign branch), 海外子銀行 (foreign subsidiary) の設立, 第二には, 銀行の業務内容の多角化と関連付けて捉えなければならないであろう。海外支店と海外子銀行の設立が, 銀行の国際業務と金融業務の多角化すなわち多国籍銀行化を促進させたからである。

ここでは戦後のアメリカの銀行の国際化, 多国籍化を海外支店, 海外子銀行の増加と関連させて明らかにしておこう。

Khoury, Sarkis J., は, アメリカの銀行の海外進出状況を詳細に調査し, 第二次大戦後からアメリカの銀行が急拡大したことを明らかにしている。アメリカの銀行の海外支店設立は, 1950年には95店であったが, 57年には117店, 65年には180店に増加し, 60年代中頃から増加のテンポが加速している[8]。その調査によれば, 65年から75年1月までの海外支店数では65年の180店から75年には732店に増加したことが示されている。また海外支店を持つ銀行数も65年の11行から70年代に急増して75年には125行に達した。第二次大戦後のアメリカの銀行の海外進出の増加は, アメリカ多国籍企業のヨーロッパ進出に伴って, その資本需要の増加と資本管理の必要性が関係していることはいうまでもないことである。

Khoury, Sarkis J. の調査 (表4.1) から海外支店数を全体でみると, 1965年の180店と比べて僅か10年間で4倍以上の増加を示している。地域別では, 75年ではラテン・アメリカ地域での支店設立が, 地理的に近いこともあって最も多く全体の50% (363店) を占めている。国別ではコロンビア, アルゼンチンへの進出が70年以降多くなっている。次いでヨーロッパ地域ではイギリスとドイツでの設立が多い。またカリブ海地域では, バハマの80店とケイマン諸島の44店が支店設立では最も多い国である[9]。これは, この地域が課税回避国であることがその理由であると考えられる。そしてアジア地域では, 日本の31店と香港の24店が目立っている。多国籍銀行の海外支店設立は, 多国籍企業の海外資金需要に対応して増加するのに加えて, 多様な金融ビジネスを目的として主要

---

8) *Ibid.*, p.40の表4・1を参照。
9) *Ibid.*, p.40の表4・1を参照。

な金融センターや金融市場を持つ地域へ進出することが明らかである。

またアメリカの銀行の海外支店資産は，1968年には228億ドルであったが，10年後の78年（6月）には約20倍の2,717億ドルに達した。地域分布では，ヨーロッパにおける海外資産が約50％を占めている[10]。1974年にはアメリカ多国籍銀行12行が，アメリカの国内銀行資産の22.2％を所有し，またアメリカの銀行の海外支店資産全体の74.8％を，海外支店数では76.8％を占めている。そのうちの上位4行（Bank of America, First National City Bank, Chase Manhattan, Manufacturers Hanover）だけでアメリカの銀行の海外支店資産全体の58％を所有しており，なかでもCiticorpは世界100カ国で活動するなど，最も活発である[11]。

多国籍企業の成長は，その海外活動において資本調達と国際的な資本管理を必要とすることから，必然的に銀行の海外進出と多国籍化を促進し提携関係を継続させる。そのことは，銀行業務の国際金融市場においての多角化と拡大を同時に促進する。そのためには，先進国において資本が自由に移動できるように資本と金融面の自由化，それに規制緩和が実施されていなければならない。1980年以降，それが各国において実施されたことから企業と銀行の著しい多国籍化への方向が進んだことは事実である。したがって，銀行の多国籍化は，企業の多国籍化の進展によって促進されたものと考えられる。

1990年代にはアメリカを中心に銀行の合併・買収が，80年代の予測をはるかに超えて増大した。アメリカの多くの国内銀行は，Bank of AmericaやJ.P.Morgan Chaseに買収されるなど，90年代においては銀行の合併・買収が，すべての金融業の合併の60％，金額割合では70％を占めたといわれている[12]。

Alfred Slagerは，1991年の国連の研究調査（UNTNC = United Nations Center on Transnational Corporation）に基づいて，国際的に活動する銀行のタイプを

---

10) *Ibid.*, p.44の表4・3およびpp.46-47の表4・4を参照。
11) *Ibid.*, p.45およびp.49の表4・5を参照。
12) Slager, Alfred, *The Internationalization of Banks: Patterns, Strategies and Performance*, Palgrave, 2006, pp.15-16.

リーダー (leaders), チャレンジャー (challengers), そしてフォロワー (followers) の3つのグループに分類している。リーダーは, 貸付シンジケートを組成する支配力を持った巨大銀行5行 (Citicorp, Chase Manhattan, BankAmerika Corp, JPMorgan, Manufacturers Hanover) である。チャレンジャーは, 主として非アメリカ系銀行であり, リーダーグループとシンジケーションにおいて競争するセカンドクラスの銀行 (Lloyds, Bank of Montreal, Bank of Tokyo, Bankers Trust, Chemical Bank, Canadian Imperial Bank of Commerce, Tronto Dominion Bank, Commerzbank, Bank of Nova Scotia, Long Term Credit Bank of Japan) である。フォロワーグループは, 非アメリカ系銀行10行で, チャレンジャーグループよりも規模は小さい銀行 (National Westminster, Deutsche Bank, Royal Bank of Canada, Westdeutsche Landesbank, Dresdner Bank, Barclays Bank, Midland Bank, Crédit Lyonnais, Industrial Bank of Japan, BNP) であった[13]。世界で最も巨大なリーダーグループの銀行5行は, 1991年ではすべてアメリカの多国籍銀行である。

　これらの巨大銀行の業務は, 貸付, 預金引受けの競争が激しい中で, 1970年代後半からは変動相場制の環境下において為替リスク管理をはじめとして先物, スワップおよびオプション取引などのデリバティブ市場でのヘッジ戦略業務へと拡大していった。外国為替市場は1990年代に規模, 参加者共に増加し, その一日の正味取引高はデリバティブ商品を含めると9,000億ドルに達している。その外国為替取引の25％がロンドン市場で行われ, ニューヨーク市場は16％, 東京市場は10％, 残りは他の金融市場で行われていた。2000年には三大外国為替銀行 (Citigroup, Chase Manhattan, Deutsche Bank) は, 全体の利益の28.9％を占めていた[14]。

　またオフショア市場, ユーロカレンシー市場などを基盤とした国際金融・資本市場の拡大は, 多国籍企業や各国の政府にとっては最大の資本調達と運用の領域だけに, 多国籍銀行の仲介機能はその中心的役割を担うことになった。

　過去20年間において銀行の収益構造に変化が見られる。1980年から2000年ま

---

13) *Ibid.*, p.34.
14) *Ibid.*, p.204.

第5章　多国籍銀行の発展と国際化戦略

表5－1　銀行の収益構造（国別）

		フランス	ドイツ	スペイン	スイス	イギリス	オランダ	アメリカ	日本
総利益／総資産（％）	1980-84	3.13	2.28	na	2.33	4.54	2.85	3.48	1.66
	1985-89	3.23	2.47	na	2.59	4.95	2.84	5.10	1.55
	1990-94	2.96	2.41	4.16	3.21	4.64	3.25	5.76	1.46
	1995-99	2.60	1.99	3.85	2.89	4.12	3.11	5.21	1.84
	2000-04	2.41	2.00	4.05	2.92	3.51	2.69	5.13	2.04
純金利利益／総資産（％）	1980-84	2.36	1.52	4.39	0.85	3.12	2.15	2.47	1.26
	1985-89	2.04	1.60	4.10	0.95	3.13	2.04	3.00	0.91
	1990-94	1.82	1.46	2.79	1.16	2.61	2.13	3.09	0.99
	1995-99	1.39	1.02	2.32	0.75	2.26	1.86	2.62	1.06
	2000-04	0.81	0.78	2.25	0.79	1.93	1.48	1.95	0.97
非金利利益／総資産（％）	1980-84	0.76	0.76	0.87	1.49	1.42	0.69	1.01	0.38
	1985-89	1.13	0.87	1.19	1.65	1.82	0.8	2.09	0.64
	1990-94	1.14	0.95	1.38	2.05	2.03	1.11	2.67	0.47
	1995-99	1.21	0.97	1.53	2.14	1.86	1.25	2.59	0.79
	2000-04	1.60	1.22	1.80	2.14	1.58	1.21	3.18	1.07
非金利利益／総収益（％）	1980-84	24.26	32.64	16.58	63.74	31.24	24.77	29.07	22.78
	1985-89	34.88	33.77	22.31	63.61	36.67	28.78	41.12	41.66
	1990-94	39.76	41.19	32.97	63.21	43.77	33.23	46.86	31.55
	1995-99	47.77	47.32	38.72	73.48	45.28	40.02	52.07	40.38
	2000-04	67.24	55.85	44.59	72.35	45.33	43.62	61.65	50.20

出所：Slager, Alfred. The Internationalization of Banks ; Patterns, Strategies and Performance, Palgrave, 2006 p.77.

での収益構造は，表5－1をみると1990年代では金利利益（loans income）が減少し，手数料やコミッションなどの非金利利益が確実に増加していることが示されている[15]。

表5－1では先進諸国の銀行による総資産利益率と利益構成が示されている。総資産利益率（＝利益総額／総資産）をみると，アメリカの銀行が85年以降から5％を超えて高い利益率を示している。すべての銀行にとっては，正味の金利利益は1980年代初期と比較して90年代後半から低下を示している。このように金利以外の利益の増加は，銀行の金融業務の多角化によるものであり，国際金融業務を行うことによって各種の利益源泉を拡大しながら，銀行の活動が，多

15）銀行の収益構造の先進国別変化は，*Ibid.*, p.76.を参照。

国籍企業の財務活動と結びついて一段と広がり始め，多角化して展開しているものと理解できる。

　銀行の国際化戦略は，各国の金利，金融市場をはじめ，さまざまな要因により決定される。提携関係 (alliance) を結ぶことも，合併・買収と同様に90年代において多くみられるようになった。その海外進出形態は，後に詳しく述べるが，代理店，営業所の設立から海外支店や海外子銀行の設立などである。さらにはコンソーシアムを編成しM＆Aやその他の業務提携を行い，広く国際金融網を築いて行われている。

(3) アメリカの銀行のM＆A

　アメリカの銀行の海外進出は，すでに明らかにしたように，1913年にはわずかに6行が海外支店を持つにすぎなかったが，1960年には8行が海外支店を持っていた。その半数以上はCitibankの海外支店であり，1917年にはCitibankは34の海外支店を持ち，その海外支店だけで銀行資産全体と利益総額の各々20％を占めていた。また1930年末にはCitibankは，97の海外支店を所有し，その3分の2がラテンアメリカに設立されていた[16]。

　また，J.P. Morgan & Co.とGuaranty Trust Companyの2つの銀行は，1959年に合併した後，ロンドンとパリに多くのオフィスと関連銀行 (affiliates) を設置し，ヨーロッパ全体に金融ネットワークを築いていた。その後，アメリカの銀行が，アメリカ多国籍企業のヨーロッパ進出に伴って海外進出を遂げるのは60年以降からである。それ以来アメリカ多国籍銀行にとってのグローバル化の時代の国際金融競争が本格化する。多くの海外資産と海外支店を持つアメリカの銀行数は，1960年から80年までに急増するが，1986年にはアメリカの銀行151行が，海外支店899支店と海外子銀行860行を設立していた。それらの海外総資産合計は約4億2,000万ドルであり，海外進出しているアメリカの銀行

---

16)　Huertas, Thomas F., 'US Multinational banking: history and prospects', In Geoffrey Jones (eds) *Multinational and International Banking*, 1992, A Elger Refference collection, pp.201-202.

の資産全体の約25％に達する。またそれらすべてのアメリカ商業銀行の資産総額の14％に達するものであった[17]。また，1980年代では，国際的なM＆Aが産業と金融の双方において増加するが，特に金融業では，金融の自由化，規制緩和を要因として，商業銀行が他の金融業務へ進出する目的から，広範囲にM＆Aを繰り返してmegamergerへの傾向を強めた。

　アメリカにおける銀行の合併によって金融機関が，「1992年12月31日から2000年12月31日までに，11,462機関から8,315機関へと27.5％の減少」を示した。また同期間において，資産規模1億ドル未満の小規模の銀行数の割合は，72％から58％に減少し，2005年には44％まで低下した。それとは逆に100億ドル以上の資産規模の銀行数は，2000年の51行から2005年には118行に増加し，それら巨大銀行の資産総額は，2005年末にはアメリカの銀行すべての資産の74％を占めていた（92年末ではそれは41％であった）[18]。銀行の資産規模100億ドル以下の中小銀行数が減少し，巨大な銀行の資産がM＆Aにより巨大化し，巨大銀行への巨額な資本集中が，1990年代以降の国際的なM＆Aにより一層進んだことが明らかである。この間のアメリカの巨大銀行のM＆Aは，O'Connor, Adianの調査によると，BankAmerika CorporationによるSecurity Pacific Corporationの買収（1991年）とNationBank Corporationとの合併（1998年），さらにはJ.P.MorganとChaseの合併（2001年），それにCiticorpと保険会社Travelersの合併（1998年），そしてBank of AmerikaによるFleet Bostonの買収（2003年），J.P.Morgan ChaseによるBank Oneの買収（2004年）であった[19]。

　その中でもCiticorpとTravelers Groupの合併は，700億ドルの巨額な合併であり，Citigroupを形成した世界最大の総合銀行保険会社（bancainsurance

---

17) *Ibid.*, pp.203-204. 表13.1を参照。
18) アメリカの銀行合併状況については，以下を参照。Bayer, Edward C. and Choi. Jongmoo Jay, 'Mergers and Consolidation of Financial Service Firms; Global Trends and Strategies for Value Creation: In J.Jay CHOI, Reid W.CLICK (eds). *Value Creation in Multinational Enterprise,* Elsevier, 2007 p.397.
19) O'Connor, Adian, *Trade, Investment and Competition in International Banking,* 2005, PalgraveMacmillan, pp.83-84.参照。

company）と呼ばれる金融機関の創出であった。とくに被合併銀行のTravelers Groupは，その子会社として，生命保険業では圧倒的な市場シェアを持つ総合金融サービス企業のSalomon Smith Barneyを所有していたことから，合併後のCitigroupは，商業銀行業，投資銀行業，それに700億ドル以上の資産と500億ドルの純利益を上げている保険業の3つの金融部門を所有する総合金融機関へ，まさに総合的金融コングロマリットへと拡大した。この合併によりCiticorpの株価は，150ドルから187ドルへと26％上昇し，Travelers'のそれは70ドルから81ドルへと16％も上昇を示した[20]。アメリカやイギリスの投資理論では，企業の業績評価が株価を基準に表示されている。したがって合併投資の判断基準も株価においているから，高株価が合併を有利に進めることから，株価至上主義の下で高株価経営と合併の連鎖が進んでいる。銀行資本の集積・集中がM＆Aを使って展開されていた。

3　多国籍銀行の戦略と提携

(1)　銀行の海外進出形態と多国籍企業

　直接投資は，将来の収益の継続的取得を目指して相手企業の経営支配（持分10％以上）を目的に行われる。銀行の海外進出は，①外国銀行と提携する（correspondent banking），②海外営業事務所の設立（representative office），③海外代理店（foreign agencies），④海外支店の設立，そして⑤海外子銀行の設立，などの形態で行われている。多国籍銀行業としての最も代表的な形態は海外支店と海外子銀行である。①の外国銀行との提携は，海外直接投資形態によるも

---

20) Citigroupの合併については，以下を参照。Isaac Otchere and Suhadi Mustopo, 'Analysis of Global Competitors' Reaction to Mega Merger Announcements by an MNC; The Case of the Citigroup-Travelers Merger', In Jay Choi and Reid W. Click（eds）*Value Creation in Multinational Enterprise*, 2007, Elsevier, pp. 230－231. 参照。

のではないことから多国籍化を特質づけるものではない。それは，現地銀行と互恵的なベースによる提携関係を結んだ形態に過ぎない。また②海外営業事務所は，外国に金融活動のための事務所を設け，本店の活動をサポート，アシストして，海外市場の多くの情報収集業務を行うことから，多国籍組織の初期の戦略的形態といえる。③海外代理店は，親銀行が海外の銀行間市場から資金を引き出す代理の役割をしたり，外国との貿易取引を促進し，信用状を発送したり為替手形を引受けたりすることから多国籍組織の形態である。

多国籍銀行の典型的な形態は，④海外支店と⑤海外子銀行の設立である。伝統的な国際銀行サービス業務と同様に，預金引受け，ローンの組成など，本国と海外でホールセールバンキングや企業向けの短期貸付，貿易ファイナンス業務を実施することが海外支店の役割である。これらの3つの形態（海外営業事務所，海外代理店，海外支店）は，親銀行の活動と一体であり，親銀行組織の一部を構成した形態であることから，親銀行と同様に本国の法的規制を受けることになる[21]。

それに対して，海外子銀行は，親銀行とは別法人の現地法人形態として設立されることから，本国の法的規制を免れることができる。そのために親銀行が本国で規制されている金融業務を，海外子銀行を利用して海外市場で展開することが可能となる。現地銀行と同じ規制の下で，現地市場で競争することができるために，多国籍銀行としては，海外子銀行の設立により海外支店のネットワークを築き，また国内外で多角的な金融業務を展開することができる。1990年以降，世界の銀行における変化は，国際的M＆Aによる大規模化だけではなく，その金融業務の多角化が進んで，総合的金融機関が形成されたことである。先進国における巨大銀行は，1990年以降から金融持株会社形態をとりながら，また海外に設立した支店や子銀行を通じて，また国際的なM＆Aを行い金融業

---

21) 銀行の海外進出形態とその業務については以下を参照。Curry, Elisa A.& Fung, Justin G.& Harper, Ian, 'Multinational banking: historical, empirical and case perspectives', In Andrew W. Mullineux and Victor Murinde (eds), *Handbook of International Banking*, Edward Elger, 2003, pp. 40-43. 参照。

務の多角化を実施し，全ての領域における金融サービスを提供できる，まさに総合的金融機関として活動するようになっている。

さて銀行の海外進出と多国籍企業の海外子会社とはどのような結びつきがみられるのかを明らかにしておこう。

Berger, Allen N.とSmith, David C.は，多国籍企業のヨーロッパにおける2,000社以上の関連会社（affiliates）がどのような銀行を利用しているかを調査し，多国籍銀行の海外進出形態と多国籍企業のヨーロッパ関連会社との金融業務提携関係を明らかにした。その調査は，1996年度に実施されたが，それは，多国籍企業のヨーロッパ関連会社に対する短期の金融サービスに限定した調査になっている。その結果，ヨーロッパ関連会社の3分の2が，彼らが活動する受入国の銀行（host-nation bank）を利用しており，その活動範囲銀行をみると，リージョナル銀行が多く，次いでグローバル銀行，ローカル銀行の順になっており，必ずしもグローバル銀行だけを選択しているわけではないことを示している[22]。

図5-1は，世界の多国籍企業のヨーロッパ関連会社が，どこの国の銀行を利用しているか，またどのような活動範囲をもつ銀行を選択しているかを示したものである。多国籍企業のヨーロッパ関連会社は，子会社等を含むものであるが，その3分の2の1,387社（65.5％）が受入国銀行（host-nation bank）を利用し，それ以外が本国銀行（Home-nation bank）と第三国銀行（third-nation bank）を利用している[23]。受入国銀行は，関連会社が活動している国の現地の銀行であるから，現地での長い活動経験から現地市場の情況には，他国の銀行よりも優れた理解と情報を持っている。多国籍企業の海外子会社が現地化を展

---

22) Berger, Allen N, & Smith, David C. 'Global Integration in the Banking Industry', *Federal Reserve Bulletin,* November 2003, pp. 451, 457. この場合の短期銀行サービスとは，1年以内の期間の「貸付，預金引受け，流動性管理，外国為替管理，その他金融サービスなど」である。*Ibid.*, p. 454. 参照。

23)「関連会社」の概念は，通常は親会社に10％の持分を所有されている場合の形態であるが，この調査では「子会社，支店，販売事務所，製造工場，または既存の国内で銀行サービスを必要とする関連施設」の形態を含めている。*Ibid.*, p. 454. 参照。

第5章　多国籍銀行の発展と国際化戦略

図5－1　銀行の国籍と活動範囲

ヨーロッパ20カ国で活動する多国籍企業の2,118関連会社

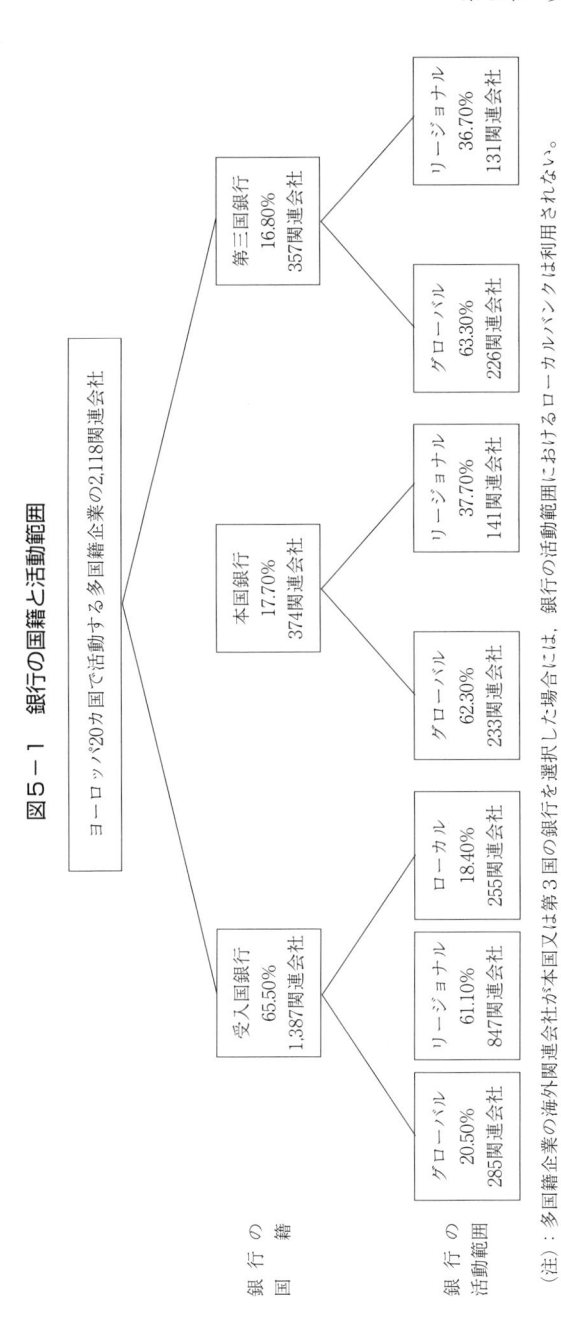

銀行の国籍
- 受入国銀行 65.50% 1,387関連会社
- 本国銀行 17.70% 374関連会社
- 第三国銀行 16.80% 357関連会社

銀行の活動範囲
- 受入国銀行:
  - グローバル 20.50% 285関連会社
  - リージョナル 61.10% 847関連会社
  - ローカル 18.40% 255関連会社
- 本国銀行:
  - グローバル 62.30% 233関連会社
  - リージョナル 37.70% 141関連会社
- 第三国銀行:
  - グローバル 63.30% 226関連会社
  - リージョナル 36.70% 131関連会社

（注）：多国籍企業の海外関連会社が本国又は第3国の銀行を選択した場合には、銀行の活動範囲におけるローカルバンクは利用されない。

出所：Allen N.Berger and David C. Smith, Global Integration in the Banking Industry, *Federal Reserve Bulletin*, November 2003, p.457.

開する場合には，ローカル銀行（現地銀行）との提携は，金融サービス面だけでなく，彼らが現地の文化，経営上の慣例，法的規制，政府の政策，消費者や供給業者などに関する多くの現地情報を取得しているから，グローバル銀行との提携では得られない経営上の資源と情報を得ることができる。

図5-1では，活動範囲に応じて，グローバル銀行，リージョナル銀行，ローカル銀行に分けられているが，グローバル銀行とは，活動範囲が海外に拡大した形態で「関係地域であるヨーロッパ20カ国のうちの少なくとも9カ国で活動する関連会社に対して，そして1995年末までに連結資産1,000億ドル以上を持つ関連会社に対して，銀行サービスを提供」している銀行である。ローカル銀行とは，前者よりも狭い範囲で活動する形態であり「1,000億ドル以下の連結資産を持つこと」により，そして彼らの本国の関連会社にサービスを提供する。したがってこの銀行形態は，受入国銀行としてのみ活動する形態である。リージョナル銀行は，前2行の中間形態であり「1カ国以上で活動し，資産は1,000億ドル以上を持つ」が，グローバル銀行と比べれば，その活動範囲の国は少ない[24]。

以上のことから，ヨーロッパ関連会社全体をみると，受入国銀行を選択する関連会社は65.5％と最も多く，次には本国銀行（17.7％），第三国銀行（16.9％）の順であった。また図5-1から明らかなように，銀行の活動範囲をみると，多国籍企業の関連会社は，その約35.1％がグローバルに活動する銀行を，その52.8％がリージョナル銀行を，そして12％がローカル銀行を選択していることが明らかである。

多国籍企業の海外戦略は，海外関連会社（海外子会社を含む），海外金融子会社，地域本部を設立して現地化，地域化，グローバル化を進める。現地市場への浸透は，国際化の初期段階で重要な戦略であるが，それに加えて各国の地域間で経済統合が進む中でEUをはじめ，リージョナリズムへの対応のために，地域本部や親会社主導の下で海外子会社相互のネットワーク網を構築して，地

---

[24] 各銀行の内容は以下を参照した。*Ibid.*, p.454.

域統合に合わせた戦略を編成するようになる。多国籍企業は,一方では現地浸透をはかりながら,他方では,親会社主導の下で現地や地域での業務を統合した統一的なグローバル戦略をより強化するという方向を実施している。したがって,多国籍企業は,その海外戦略(ローカル,リージョナル,グローバル)に対応した活動範囲を持つ銀行と提携関係を持つと考えられる。Berger, Allen N.とSmith, David C.も指摘しているが,その調査は1996年の分析であり,しかも分析対象は,ヨーロッパ系多国籍企業に限られた内容であることに限界を持っていた。アメリカ多国籍企業であれば,アメリカ系銀行の金融能力・技術を考えれば本国銀行を選択したことも考えられるが,いずれにしても多国籍企業と銀行の関係は,企業側の戦略内容と銀行の活動範囲や能力とが関連していることを把握しておかねばならない。

(2) 多国籍銀行の金融業務の多角化

多国籍銀行は,国際金融・資本市場で活発に活動するが,この市場の中核はユーロ市場である。ユーロ市場はユーロカレンシーとユーロボンド,ユーロエクイティの市場から構成されたオフショア市場(offshore market)である。それに外貨預金・貸付と外債市場のオンショア市場(onshore market)を含めたものが国際金融・資本市場であるが,ユーロ市場が規制のない自由市場として,その中心に位置づけられる。そのために多国籍銀行と多国籍企業は,ユーロ市場において新しい金融技術を開発し,そこで利用して成功すると,それを各国内市場へ普及させた[25]。そのことによって各国において金融の自由化,国際化が一段と進んだものと考えられる。

ユーロ市場の中で最大規模はユーロカレンシー市場である。この市場では国外に流出した通貨,主にユーロダラーが最も多い。それは銀行間の貸借市場を中核としており,銀行の資金調達方法では,ユーロCDや定期預金などが使われる。顧客への貸付はシンジケート貸付やユーロノート(ユーロCPなど),そ

---

[25] ユーロ市場の構造と発展については,拙稿「ユーロ市場の発展と企業の財務戦略」『商学論纂』第32巻第1,2号(中央大学),1990年において検討した。

れに中期ノート（medium term note）が利用される。ユーロボンドはユーロ通貨建て債券であり，長期の資本調達方法である。ユーロCDは，1966年にCitibankがユーロカレンシー市場に導入し，ドル調達の目的から利用されたものである[26]。

　ユーロ市場発展の契機は，ユーロダラーの場合，1960年代初頭にアメリカ政府がドル防衛政策として実施したレギュレーションQ，金利平衡税，海外直接投資自主規制によるものであるが，外部要因としては，旧ソ連が外国貿易の取引決済のために保有するドル預金を，没収回避のためにアメリカの銀行からヨーロッパ（特にイギリス）の銀行へ移し替えたこと，またイギリスの銀行が積極的にドル預金を受入れたこと，そしてルーブルに通貨の交換性がなかったことなど，がそのはじまりである。さらには多国籍企業による海外でのドル需要の増加がユーロダラー市場形成の要因となっていた。

　1970年代にはユーロ市場は拡大するが，特にそこでの革新的な財務方法は，ユーロ銀行間で行われるユーロカレンシーの貸借において成立する変動金利である。それは，すでに述べたようにロンドン銀行間貸し手金利（LIBOR）が考え出されたことである。ユーロカレンシー市場の変動金利（LIBORとLIBID）は，債券市場に用いられて，その結果，変動金利債（FRN）が考え出された。この債券は「1970年にイタリアの企業（ENEL）が初めて発行した」ことから，この市場で普及することになった[27]。これらのユーロ市場で開発された革新的財務方法は，フィナンシャル・イノベーション（financial innovation）ともいわれており，その後，各国内市場の自由金利，金融の自由化をもたらす背景をなしたものと考えられる[28]。

　また多国籍銀行は，外国為替市場においてもディーラーとして指導的な役割

---

26)　O'Connor, Adian, *op. cit.*, p.46.
27)　*Ibid.*, p.46.
28)　国際金融・資本市場においての財務方法は，拙稿「国際金融・資本市場における財務革新」（高橋昭三編『資本市場の変容と経営財務』第4章所収，中央経済社，平成4年，で検討した。

を果たしている。1973年以降の先進諸国による対ドルの変動相場制への移行後，為替リスク・ヘッジが企業の財務政策上重視されて以来，銀行業務は一層多角化した。世界の主要な金融センター（ロンドン，ニューヨーク，東京）において，外国為替業務を扱う指導的な銀行は，「Citigroup, Deutsche Bank, United Bank of Switzerland, J.P.Morgan Chase, HSBCおよびGoldman Sachsが3つのセンターで，Barclays Bankがロンドンと東京で，Morgan Stanleyがロンドンとニューヨークで」中心的な役割を果たしている[29]。とくにヨーロッパではDeutsche Bankが，北米とラテンアメリカではCitigroup，アジア太平洋ではHSBC，そしてStandard Bankがアフリカで，それぞれに最上の外国為替ビジネスを提供する銀行といわれている[30]。

　また1980年代からの金融業務の多角化は，金融デリバティブ市場の拡大を背景としている。金融資産の未来価値を基準にした金融取引であるそれらは，フューチャーと先物取引，オプション取引，金利・通貨スワップなどである。金融デリバティブ取引のディーラーは，金融機関の中でも銀行が主体的な役割を持っている。

　多国籍銀行は，今日では世界のデリバティブ市場において主要なディーラーであり，またマーケットメーカーでもある。O'Connor, Aidanによれば，デリバティブ取引の主要なディーラーとしての最大銀行の順位は，①Citigroup, ②Goldman Sachs, ③Deutsche Bank, ④Morgan Stanley, ⑤United Bank of Switzerland, ⑥Merrill Lynch, ⑦⑧J.P.Morgan Chase, ⑨Crédit Suisse, ⑩Bank of Amerikaの順である[31]。彼らは親銀行からデリバティブ・リスクを切り離すために信用力の高い子銀行（又は金融会社）を設立して市場シェア拡大と競争優位を確立する。

　スワップ取引で債務交換に用いられる変動金利は，すでに示したユーロ市場で考案されたLIBORが使われる。企業自身でスワップの相手を見つけること

---

29) *Ibid.*, p.53.
30) *Ibid.*, p.53.
31) *Ibid.*, p.53.

は不可能であるから，銀行が相手を見つけてスワップを仕組む。そのことによって金利の差額分を当事者間で配分するが，スワップのアレンジメントは銀行が行う。そのことにより銀行は金利の配分差額を取得する。特に金利スワップによる資本調達コストの削減は，当事者間の市場における信用力の差から生ずる。たとえば固定金利市場における両者の金利差X，変動金利市場における両者の金利差Yにおいて，XとYの金利差が生ずる場合に，それを当事者間で分配することにより調達資本のコストを削減することができ，銀行は分配された金利を取得する。投資銀行だけでなく巨大商業銀行（とくにDeutsche Bank, Société Généraleなど）はスワップ業務に特化している。たとえば通貨スワップは，イギリスの銀行が開発した手法であるが，「Solomon Brothersが，IBMとWorld Bankとの通貨スワップを提供した」のがその始まりであることはすでに第4章で指摘した[32]。

　スワップ取引は，ほとんどが国際的な商業銀行，投資銀行が企業と結びついて行われるが，銀行はブローカーとして当事者同士をマッチングさせるが，そのことで自らスワップ上のリスクを負うものではない。スワップサービスから手数料，仲介料を取得する。しかし今日では，銀行は積極的にディーラーやマーケットメーカーになり，自らスワップ当事者になってポジションを取るようになっている。1990年代以降からのスワップ市場の発展は，こうした金融業務の多角化がその理由と考えられる。スワップ市場の最大規模は，金利スワップの市場である。1995年以降，金利と通貨の両スワップ市場は共に拡大しており，想定元本でみると「金利スワップは，1995年の12兆8,110億ドルから2004年中頃では127兆6,000億ドルへと9倍以上の拡大」を示した。他方，通貨スワップは「同年で1兆1,970億ドルから7兆ドル以上へと6倍の増加」であった[33]。国際金融市場におけるこのような革新的財務方法は実需取引を伴わな

---

32) IBMとWorld Bankの通貨スワップのスキームは以下に詳しく説明されている。
   Brian Coyle, *Currency Swaps*, Glenlake Publishing Company Ltd, 2000, p. 26.
33) Eun, Cheol S &. Resnick, Bruce G, *International Financial Management*, 2007, McGrow-Hill, pp. 338-339.

い通貨又は金利そのものの金融取引であるために，著しく金融市場の拡大をもたらすものである。

(3) A. Slager による銀行国際化の戦略パターン

1990年代から金融機関相互の統合が各国で著しく進んだが，その国際化の戦略は一律に同じではなかった。自行の得意分野に特化した戦略を組んでおり，海外進出と撤退を繰り返しながら展開されている。

Slager, Alfred は，1980年から2004年までの世界の主要な銀行の国際化戦略を分析し，5つの戦略パターンに分類した上で詳細な検討を行っている。① Accelerating, ②Moderate, ③Retreating, ④Established, ⑤Imploding の5種類の戦略に分類できるという[34]。以下その5つの戦略パターンをみておこう。

① Accelerating 戦略（Deutsche Bank, Santander）

この戦略を実施している銀行は海外進出に積極的であり，主要な金融センターに支店を設置する。その国際活動は海外の金融機関を合併・買収して拡大し，合併後，巨大な組織の整理統合のリストラを行うようになるパターンである。国内顧客の海外活動に対する金融サービスの提供を目的にした国際化を実施している。この戦略パターンには有力銀行が多いが，Slager, Alfred は，Deutsche Bank と Santander の戦略を取り上げている。

Deutsche Bank は，1970年以来，国際的な規模で海外支店ネットワークを築いており，早くから海外資産獲得の戦略を行っていた。1998年には「Crédit Lyonnais Belgium を10億マルクで取得」し，ヨーロッパにリテール業務の支店網を築き，また資本市場への進出では，89年に Morgan Grenfell を，98年に Bankers Trust を買収するなどして，主要な金融センターに子銀行を設立した。とくに1990年代からは北米へ進出するが，それは，持株会社形態によって「ホールセール銀行業務，とくに企業財務，証券とデリバティブの取引，外国為替と資産管理などの業務へ参入」する目的を持っていた[35]。

---

34) Slager, Alfred, *op. cit.*, pp. 108–156.
35) *Ibid.*, pp. 115–116.

またSantanderは，1980年代後半からのスペイン国内の規制緩和やヨーロッパの単一市場形成が国際化戦略の契機になった。87年にはドイツの消費者向け銀行CC-bankとVisa Card Servicesを買収し，88年にはRoyal Bank of Scotlandと提携および9.88％の資本参加（94年）を行うなど，提携関係を深め，また98年にはBanco Español de Créditoを買収している。90年にはさらにPortuguese Banco & Comercio e Industriaを買収して，リージョナルバンクとしての拡大を図っていった36)。またSantanderは，Banco Central Hispanoamericanoとの合併によりBSCHを形成してからアメリカへの進出が本格化した。BSCHはヨーロッパとラテンアメリカで活動するが，ヨーロッパではSociété Généraleと提携し，2000年には「メキシコ銀行市場の30％を支配するメキシコ第3位の銀行Gruppo Financiero Serfinを買収」した。さらに2004年には「741の支店と1,800万人の顧客を持つUK Abbeyを155億ドルで買収し」，世界最大のリテールバンキング・グループの1つになった37)。

　② **Moderate 戦略**（Rabobank）

　この戦略パターンは，銀行組織全体をサポートする活動として国際化を捉えている。海外の主要な金融センターに支店ネットワークを確立し，合併を行うことはAccelerating戦略と変わりがないが，Accelerating戦略をとる銀行に影響され，それに対抗するために国際活動を展開するようになる。この戦略をとる銀行としてRabobankが取り上げられている。Rabobankは，国内ではリテール業務，企業財務業務，および資産管理を強化する組織を確立し，海外ではオランダのDutch Insurer Interpolisを買収し，銀行・保険業（bankassuance）へ参入している。国内では投資銀行業務を縮小し，食品，医薬，農業部門の産業への銀行サービスを強化する戦略をとっている38)。

　③ **Established 戦略**（Citigroup, HSBC）

　この戦略パターンは，国際化の指向が最も強い銀行グループであり，

---

36) *Ibid.*, pp. 118-119.
37) *Ibid.*, pp. 120-121.
38) *Ibid.*, pp. 124-126.

CitigroupやHSBC，J.P.Morganがその典型例である。国際経営活動を行っている多国籍企業に対して海外で銀行サービスを提供することを目的にしているが，海外活動と国内活動の両方を適合させ統合させながら国際化を実施している。ここでは，CitigroupとHSBCの戦略をみておこう。

すでに示したようにCitigroupは，1998年にTravelersと合併したが，Travelersは，「生命保険，ミューチュアルファンド，消費者ローン，およびクレジットカード部門」を持ち，「1997年にはSalomonを買収し，投資銀行Salomon Smith Barneyを設立」した最大の金融サービス会社である。合併後は，社名がCitigroupとなったが，リテールとホールセール業務，投資銀行業務を行い，とくにヨーロッパでのM＆A市場で中心的な役割を持つようになった。Citigro-upの日本への進出は，86年当時の第一勧業銀行（現在みずほFGに統合）とATMで業務提携，日興証券（現在の日興コーディアル・グループ）に経営参加（21％）し，またヨーロッパではイギリスの投資会社（Grindlay）へ資本参加して，早くからユーロカレンシー市場で活動していた[39]。

しかし2000年以降はエンロン倒産，金融スキャンダル，ヨーロッパ債券市場の停滞によってその戦略を転換せざるを得なくなり，Travelersの保険部門の売却や海外部門のリストラを断行した。

他方，HSBCは，1993年にMidland Bankを買収した後，HSBC Holdingsに社名変更し，本部を香港からロンドンへ移転した。1990年代ではカナダにおいてHongKong Bank of Canada(81年)，Bank of British Columbia(86年)，Lloyds Bank of Canada（90年）を次々に買収するなど世界最大の金融サービス・グループを形成する目的を持っていた[40]。

またアジアへの進出では，マレーシアに子銀行を設立して36支店を開設し，韓国政府系の銀行Seoulbankの経営権を取得（99年）するなど積極的であり，また90年代後半には，ブラジル第4位のBamerindusを買収するなど，地理的な拡大を図りリスク分散の戦略をとった。2000年には，110億ユーロでCrédit

---

39) *Ibid.*, pp. 132–133.
40) *Ibid.*, pp. 134–135.

Commercial de Franceを買収し100万人の顧客を獲得し，アメリカではMerril Lynchと合弁事業会社（10億ドル）を設立してパートナーシップを形成し新規顧客の拡大を図った[41]。

④ **Retreating 戦略**（Bank of America, Lloyds TSB）

この戦略に属する銀行は，1990年代に国際化を見直し戦略転換を図ったグループであり，とりわけ発展途上国の債務不履行などの危機から国内市場重視への転換をはかり，海外活動を縮小して，国内でM＆Aを重視するようになった銀行グループである。しかし2000年からは再び国際化を指向してChase ManhattanがJ.P.Morganを買収し，Bank of Americaがロンドンで投資銀行業を展開して，収益性増大と共に再び国際化戦略を強化しはじめた。ここではBank of AmericaとLloyds TSBをとりあげる。

Bank of Americaは，1980年代には業績低迷から海外活動を縮小する。Bank America d'Italiaのリテール専門の支店がDeutsche Bankへ売却され，国内では消費者向け金融のFinanceAmericaがChryslerへ売却，そして投資信託業部門がWelles Fargoへ売却された[42]。またBank of Americaは，コスト削減と不良債権のリストラを断行しながら海外業務を縮小する。1996年には「カリフォルニアで120支店を閉鎖し3,700人の人員削減」，「99年にヨーロッパとアジアのプライベート銀行部門をUBSへ売却，アジアの消費者向けビジネスをABN AMROへ売却」することにより，世界のグローバル銀行から，世界最大の国内銀行への転換を図った。他方，国内最大のリテール銀行FleetBostonを470億ドルで買収し，アメリカ国内の預金の10％の市場シェアを獲得した[43]。

またLloyds TSBは，1974年にLloyds Bank EuropeとBOLSAとの合併によってLloyds Bank Internationalを形成したが，80年代初期には不良な商業用不動産貸付のために，その転換を迫られた。ホールセール業務からリテール業務へ転換を図るが，Lloyds Merchant Bank（87年）を閉鎖し，アメリカ，ヨー

---

[41] *Ibid.*, p.136.
[42] *Ibid.*, p.139.
[43] *Ibid.*, pp.140-141.

ロッパ，東南アジアで多くの支店を閉鎖した。そのリテール業務への転換は国内での合併により行われた。1998年にAbbey Life Insuranceの買収によって保険事業へ，95年にCheltenham and Gloucesterの買収により住宅抵当権ビジネスへ進出，そして96年にTrustee Savings Bank（TSB）の買収により貯蓄，保険事業へと業務の多角化を図った。また99年のイギリス第6位の保険会社Scottish Windowsの買収は，2,500支店を獲得して生命保険と年金事業への進出を目的としたものであった[44]。

⑤ **Imploding 戦略**（Crédit Lyonnais, Midland Bank）

この戦略の銀行は，Crédit LyonnaisとMidland Bankであるが，1990年代の経済不況，発展途上国への貸付のデフォルトを被ったことから，それまでの国際化戦略からの撤退を余儀なくされた銀行グループである。Crédit Lyonnaisは，ヨーロッパ支店ネットワークの売却を行い，国内市場での基盤強化を目的に，リテール銀行業務，投資銀行業務とホールセール業務や資産管理業務を国内市場で強化する戦略に転換した。またMidland Bankは，1980年代に国際化を積極的に進め，81年には「カリフォルニア最大の銀行で800億ドルの資産を持つCrocker National Corporation of Californiaを買収し」，アメリカでの基盤を確立していた。しかしその後，財務体質の悪化したCorckerをWells Fargoに売却し，87年にはHSBCの資本参加を受入れ提携関係を結んだ。それはHSBCのヨーロッパにおける商業銀行業務がMidland Bankへ委譲されると同時に，Midland Bankのカナダにおける活動のすべてをHSBCへ委譲するという互恵関係の提携であった[45]。Midland Bankはイギリスとヨーロッパ地域でリテール業務に強く，他方HSBCは，東南アジアと北米にホールセール銀行業務で強い基盤を持っていたが，その後，92年に業績が回復しないMidland Bankは，HSBCに39億ポンドで買収されることになった[46]。

Slager, Alfredは，以上のように世界の巨大銀行の国際化戦略を分析して，

---

44) *Ibid.*, pp. 142-143.
45) *Ibid.*, p. 150.
46) *Ibid.*, p. 151.

その傾向としてEstablishedとRetreatingの戦略をとる銀行は，アメリカ，イギリスそれに日本の銀行に多く見られること，そしてModerateとAccelerat-ingは，ドイツ，スペイン，およびスイスの銀行に多いことを指摘している[47]。1990年以降からその国際化の戦略に転換がみられる。国内市場重視への転換により，国内でのM＆Aの増加，国内でのリテール業務の強化，業務のリストラクチャリングが行われている。

(4) 国際化基準としての自己資本比率および収益性

　国際金融業務を行う銀行は，国際統一基準としてのBIS規制に従わなければならない。BISの関連機関であるバーゼル銀行監督委員会で決定されたバーゼル合意（Basel Capital Accord）といわれる銀行の自己資本比率8％以上の基準を守らなければならない。このBISの自己資本比率8％基準は，各国政府が国内においてBIS規制を遵守しながら銀行の管理・監督を行うから，この基準を達成できない銀行に対しては業務改善命令が発令される。したがって銀行にとって，この8％基準は，国際金融業務を行う場合には厳守しなければならない必須条件である。

　現行BIS規制は，1988年に決定され，日本には93年から導入された。その後99年に改正され，リスク資産の評価の場合に，信用リスクに加えて資産価格の変動を考慮すべきことから市場リスクが追加された。そして2004年に新規制（バーゼルⅡ）が公表され，リスク資産の評価に新たにオペレーショナル・リスクを加えた新規制が，2007年3月から実施されることになった。この新規制は8％基準および自己資本構成に変更はないが，リスク資産の評価に大幅な改正が行われた。信用リスク（貸倒れリスク）の算定において3つの選択方法を設けたことと，新たにオペレーショナル・リスクをリスク・ウエイトに含めてリスク資産を算定することになった。オペレーショナル・リスクとは，業務上の事故やシステム障害，顧客情報の流出など銀行の信用に多大な損失を及ぼす

---

47) *Ibid.*, p. 155.

ような業務上のリスクを意味している。これが注目されるようになった背景には,「1995年に発覚した,英国の金融機関ベアリング社や大和銀行ニューヨーク支店の巨額損失事件」があったことからであり,トレーダーによる不正行為,最近ではみずほ銀行のシステム不備などがある[48]。

ただしオペレーショナル・リスクが追加されたことによって,リスク資産が増加して銀行の自己資本比率の達成が厳しくなったわけではない。他方で,信用リスクにおいて個人向け,中小企業向け与信額に対するリスク・ウエイトを低下させていること,また大企業への貸付においては引当金積立額の多寡により,リスク・ウエイトを軽減させて,リスク資産の算定を行うように改定されている。金融庁は,オペレーショナル・リスクが追加されても,全体としては自己資本比率には変化がないものと考えている[49]。

いずれにおいても銀行が,国際活動を行う場合の国際的に均等化された基準としての自己資本比率8％以上を達成しなければならないことには変わりがない。この新BIS規制を満たすことが,多国籍銀行の国際金融市場における信用力,評価基準になることから,これが銀行の戦略目標になる。自己資本比率は企業の経営においては資本構成の健全性,安定性を示す指標であるが,日本の銀行の場合には,間接金融が固定的に企業と銀行間で行われていたために,銀行にとっては貸出債権の増大により,リスク資産も大きくなるために,それだけ不良債権のリスクも大きかった。低金利の下では,金利収益には限界があるために自己資本の増大につながりにくかった。そのためにBIS規制は厳しい基準であった。したがって日本の銀行の場合には,有価証券含み益の45％をTier2（補完的項目）に参入することが認可されている。

表5－2は世界の巨大銀行のTier1資本額の順位と収益性を示したものであ

---

[48] 鎌倉治子「新BIS規制とオペレーショナル・リスク―銀行の自己資本比率に関する国際的な規制・監督の動向―」,『レファレンス』2003年9月,p.56。鎌倉論文ではオペレーショナル・リスクに関する詳しい説明がある。

[49] 金融庁「新しい自己資本比率規制（案）の概要」2004年10月,および金融庁・日本銀行「新BIS規制案：Q&A」参照。

表5-2　世界の巨大銀行30行

単位：100万ドル

順位	銀行名	Tier 1 資本	資産額	資本資産率	税引前利益	資本利益率	資産利益率	BIS 資本比率	NPL 比率
1	Bank of Amerika Corp.	91,065	1,459,737	6.24	31,973	38.7	2.19	11.88	0.69
2	Citigroup	90,899	1,882,556	4.83	29,639	34.8	1.57	11.65	1.20
3	HSBC Holding	87,842	1,860,758	4.72	22,086	27.2	1.19	13.54	1.60
4	Credit Agricole Group	84,937	1,818,341	4.67	14,060	18.4	0.77	10.00	2.60
5	JP Morgan Chase & Co	81,055	1,351,520	6.00	19,886	25.9	1.47	12.32	0.99
6	三菱UFJ FG	68,464	1,579,390	4.33	12,824	19.4	0.81	12.58	1.46
7	ICBC	59,166	961,576	6.15	9,229	20.1	0.96	14.05	3.79
8	Royal Bank of Scotland	58,973	1,710,703	3.45	18,033	31.5	1.05	11.73	1.35
9	Bank of China	52,518	682,262	7.70	8,700	20.5	1.28	13.59	4.04
10	Santander	46,805	1,098,213	4.26	11,558	25.8	1.05	12.49	0.78
11	BNP Paribas	45,305	1,896,935	2.39	13,921	33.4	0.73	10.50	3.12
12	Barclays Bank	45,161	1,959,786	2.31	14,009	34.1	0.72	11.70	1.80
13	HBOS	44,030	1,160,245	3.79	11,201	26.5	0.97	12.00	2.18
14	China Construction Bank	42,286	697,740	6.06	8,416	21.4	1.21	12.11	3.29
15	みずほ FG	41,934	1,235,443	3.39	8,286	20.5	0.67	12.48	1.80
16	Wachovia Corporation	39,428	707,121	5.58	11,470	33.7	1.62	11.40	0.43
17	UniCredit	38,700	1,084,267	3.57	10,813	28.2	1.00	10.50	na
18	Wells Fargo & Co	36,808	481,996	7.64	12,745	38.2	2.64	12.50	1.90
19	Rabobank Group	34,757	732,708	4.74	3,572	10.6	0.49	11.00	na
20	ING Bank	33,958	1,178,697	2.88	6,617	20.4	0.56	11.02	na
21	UBS	33,212	1,963,870	1.69	12,019	36.5	0.61	14.70	0.60
22	住友三井 FG	33,177	826,599	4.01	6,858	18.9	0.83	11.31	1.82
23	Deutsche Bank	32,264	1,483,248	2.18	10,701	35.0	0.72	12.80	1.19
24	ABN AMRO Bank	31,239	1,229,966	2.40	6,681	19.9	0.51	11.14	na
25	Credit Mutuel	29,792	635,685	4.69	5,638	20.3	0.89	12.00	2.90
26	Social Generale	29,405	1,260,162	2.33	10,639	38.8	0.84	11.11	na
27	Credit Suisse Group	28,802	1,029,219	2.80	11,718	46.5	1.14	18.40	1.02
28	Banco Bilbao Vizcaya Argentaria	25,779	542,494	4.75	9,259	39.2	1.71	12.00	0.83
29	Lloyds TSB Group	25,183	674,515	3.73	8,339	35.0	1.24	10.70	2.10
30	Group Caisse d'Epargne	24,159	710,801	3.40	6,891	28.0	0.97	10.40	na

出所：The Banker 2007年6月，p.186から一部抜粋して作成。

るが，The Banker誌は世界の巨大銀行1,000行のそれを公表しているので，それに依拠して，ここでは上位30行をみておこう。

　表5－2の順位はTier 1資本（基本項目）で示されている。Tier 1資本は，企業の貸借対照表上の株主資本とほぼ同じであるが，普通株，法定準備金，留保利益などの剰余金，少数株主持分から構成されており，いわゆる支配的な自己資本である。累積的優先株や日本の銀行の証券含み益の45％は，Tier 2資本に含まれている。表5－2の資産額は，BIS規制の自己資本比率で用いられるリスク資産とは異なっている。また資本利益率は，前年度と今年度の資本合計の平均額が使われている。そして本章でいう収益性とは，Tier 1資本に対する税引き前利益の割合であり，表5－2の（平均）資本利益率とは異なったものである。表5－2のBIS資本比率は，BIS規制下の自己資本比率である。

　さて2006年度の世界の銀行Top 1000をThe Banker誌の調査資料からみると，Tier 1資本は前年度比18.4％増の3兆3,651億ドルに増加した。地域別にTier 1資本全体の割合をみると，EUの銀行279行が42％を占め，アメリカ19％，日本10％，その他のアジアは14％であり，銀行数が多いこともあるがヨーロッパの銀行の成長をみることができる。また税引き前利益では，前年度比22％増の7,863億ドルに増加している。地域別の内訳は，EU 27が41％，アメリカ24％，日本7％でありアメリカの銀行が緩やかに低下し，それに代わってEUの銀行の成長が著しくなっている。さらに資産額も同様に2006年度には，前年比16.3％増の74兆2,322億ドルであった。ここでもEUが53％，アメリカ13％，日本10％となり，Tier 1資本，税引き前利益，資産ともに割合ではアメリカに代わってEU 27が多くなり，またそれらの増加率も最も高く，ヨーロッパ経済の成長が反映していることが明らかである[50]。

　とくにヨーロッパの銀行の成長は，EU形成によりリージョナリズムが一層強まったことと関係が深い。それについてO'Connor, Adianは，次のように指摘している。

---

50) Top 1000のTier 1資本，資産，税引き前利益の割合は，*The Banker*, July 2007, p.172の3つの図を参照。

1987年に単一欧州議定書が批准され，93年に単一ヨーロッパ市場が形成される中で，「EU内でのEU銀行による銀行業務や金融サービスにおいて274件のクロスボーダーの提携があった」。この提携の基本形態は，「国内市場で支配的地位にある大銀行が小規模銀行の株式取得を行うことである。完全な買収が46%，少数所有32%，株式交換14%，そして合弁事業が8%であった。イギリスとドイツの銀行は完全所有か過半数所有を好む。それはイギリスの銀行の提携の53%に達し，ドイツの銀行の提携では60%に達する。フランスとイタリアの銀行は，少数所有が多く，フランスの銀行の提携の39%，イタリアの銀行の提携の44%に達している。スペインの銀行は，株式交換が多く，提携の55%に達していた」[51]。EU内部の銀行の国際化戦略は，EU内でのリージョナル化を遂行しており，提携関係を強めながら市場拡大を遂げていることは，M&Aによる統合が活発なアメリカの国内市場での戦略とは幾らか異なっている。

　しかしながら，利益率では，アメリカの銀行185行はヨーロッパの銀行よりも高い。2006年度のアメリカの銀行の資本利益率は，平均して28.9%と高く，世界の銀行Top 1000の平均23.4%を遥かに上回った利益率である。表5−2の銀行は，順位6位までは2005年度と変わりはないが，第25位までの銀行が，Top 1000のTier 1資本の40.9%，資産額の42.8%，そして税引き前利益の40.8%を占めており，上位の巨大銀行25行への資本集中が国際的な規模で進んでいることが明らかである[52]。

　Tier 1資本の順位では，2006年度はCitigroupに代わってBank of Americaが第1位であった。しかし株価時価総額では，2007年6月12日付ではBank of America（2,204億ドル）よりもCitigroup（2,613億ドル）の方が高かった[53]。また自己資本を急増させたのは中国の2つの銀行（第6位のICBCと第9位のBank of China）である。中国の銀行は，大量にIPOsを実施し新規株式公開により自

51）　O'Connor, Adian, *op. cit.*, p.82.
52）　上位25行のTier 1資本，資産，税引前利益の割合は，*The Banker,* July 2007, p.146を参照。
53）　銀行の株価時価総額は，*Ibid.*, p.144の表を参照。

己資本を増強したからであるが，しかし資本利益率と税引き前利益ともに低いこと，またNPL比率（NPL／貸付総額）が最も高いことから，資本の効率的利用により収益性を増大させることが課題である。

　日本の銀行は，2000年以降では不良債権（NPL = Non-performing Loan）の処理が進み，Tier 1資本，資産ともに改善の方向にあるが，資産と資本に対する利益が共に低いことが課題になっている。表5－2における日本の銀行3行は，Tier 1資本が多くても資本利益率が低水準である。表5－2の巨大銀行30行の資産利益率の平均は1.08%であるが，第6位の三菱UFJ FGは0.81%，第15位のみずほFGは0.67%，第22位の住友三井FGは0.83%とそれぞれ平均以下の低い水準である。国際金融競争で受け入れられる資産利益率は，1.5%から2.5%であるといわれており，第1位のBank of Americaのそれは，2.19%と高く，また資本利益率では38.7%と最上位の利益率である。

　また資本利益率では，上位30行の平均は28.25%であるが，三菱UFJ FGが19.4%，みずほFGが20.5%，住友三井FGが18.9%と，日本の三大銀行はいずれも平均以下の低い利益率である。2006年度のTier 1資本の第1位は，Bank of Americaである。その戦略は，海外では大きなM＆Aを行うことなく，国内市場中心の方向へ転換した戦略で好業績をあげたことが注目されている。Bank of Americaは，「2006年度初期にアメリカ最大のクレジットカード会社MBNA Corporationを買収，またコンソーシアムを形成し，アメリカ最大の個人向け融資会社Sallie Maeに24.9%の資本参加」をするなど[54]，国内で安定した収益基盤を形成している。アメリカの銀行は，世界の銀行Top 1000の総資産の13%（9兆8,264億ドル）を所有しているが，EU内の銀行のそれ（53%）よりも低い。しかしながら，資本利益率ではEU内の銀行の0.8%に比べて，1.89%と高い利益率を達成している[55]。

　世界の巨大銀行で最も国際化戦略を積極的に進めているのは，Citigroupである。Citigroupは，世界100カ国で①Global consumer, ②Markets & Bank-

---

54)　*Ibid.*, p. 155.
55)　*Ibid.*, p. 158.

ing, ③Global Wealth Managementの３つのビジネスを柱に活動している。Citigroupの2007年度第Ⅱ四半期の純利益は，表５－３に示されているように，前年度比18％増の62億2,600万ドルであり，そのうち海外からの純利益は，30億4,300万ドルを占め，じつに純利益の49％が海外からの利益であった。

表５－３はCitigroupの業務別の純利益の国内と海外の内訳を示している。

表５－３　Citigroupの純利益内訳（2007年度第Ⅱ四半期）

単位：100万ドル

業　務　項　目	国内利益	海外利益	合　　計
Grobal consumer	1,771	1,016	2,691(1)
Market & Banking	984	1,848	2,832
Grobal Welth Management	335	179	514
Alternative/Investment	456	na	456
Corporate/Other	－272	na	－272
合　　　計	3,274	3,043	6,226

注：(1)は，「その他」の項目でHigher credit costが9,100万ドルのマイナスになっている。
出所：http://www.citigroup.comの資料から作成。

表５－３から明らかなように，海外純利益の高い割合が示されているが，業務別をみると①Global consumerと②Markets & Bankingのビジネスが高い利益を生み出している。とくにMarkets & Bankingのビジネスからの利益は国内よりも海外から多く獲得されており，Citigroupの主要な利益の源泉であることが明らかである。①は，消費者向けの銀行業務サービス，クレジットカード，貸付と保険などの金融サービス部門における業務である。また②は多くの投資家，消費者に対して，資本市場，銀行取引サービスに関する金融商品を提供する。M＆A，事業分割，金融リストラクチャリング，外国為替，ローン，資金管理などについての戦略的財務アドバイスをはじめ，証券やデリバティブ業務などをグローバルに行っている金融業務である[56]。

---

56)　http://www.Citigroup.comのレポートを参照。

第5章　多国籍銀行の発展と国際化戦略

また表5-4は，Citigroupの海外純利益を地域別で示したものである。

表5-4　Citigroupの海外純利益（地域別源泉）

地　域　名	金額（100万ドル）	％
メキシコ	470	15.40％
EMEA(1)	997	32.80％
日本	186	6.10％
アジア（日本以外）	1,067	35.10％
ラテンアメリカ	323	10.60％
海外純利益合計	3,043	100％

注：(1)はヨーロッパ，中東とアフリカ
出所：http://www.citigroup.comの資料から作成。

　地域別でみると，日本以外のアジア地域からの利益は最も多く，海外純利益の35％に達している。次はEMEA地域（ヨーロッパ，中東とアフリカ）からの純利益が高い比率であり，海外純利益の33％に達している。Citigroupの国際化戦略は，先にみた業務項目を，各地域の特性に合わせて展開しているが，国際市場を地域ごとに分けて戦略を組んで国際地域化戦略（Regional International strategy）を実施している。地域とはCitigroupの場合は，表5-4の海外地域とアメリカ本国を含めた6地域である。

4　結　び

　本章では，多国籍銀行の発展と国際化戦略を明らかにした。銀行の海外進出は植民地支配と結びついて19世紀の早い時期から見られたが，多国籍銀行形態は，第二次世界大戦後から顕著になった。国際銀行と区別した多国籍銀行の定義は，ここでは多国籍企業のそれと同じ理解をしている。つまり，6カ国以上の国または地域に，海外直接投資を行って海外支店または海外子銀行を設立して国際金融業務を行う銀行のことである。6カ国又は6地域である理由は，北米，南米，アジア，中東，アフリカ，ヨーロッパの6つの主要地域からである。

多国籍銀行の活動上の特徴として、とくに1960年以降からヨーロッパに進出したアメリカ多国籍企業に対する資本供給と財務サービスを提供する目的があった。さらにはユーロ市場でLIBORといわれる変動金利を多国籍銀行間で利用し、それをユーロCPとCD、NIF、FRNさらにスワップ取引などの派生的金融商品に利用するなど、新しい革新的財務方法を考え出した。それを多国籍銀行と多国籍企業は共に世界各国へ普及させたこと、これが各国で金利や金融の自由化、国際化、規制緩和をもたらしたことを強調した。

　さらには1970年代から金融デリバティブが多国籍銀行において広範囲に活用されて、規制緩和に伴い持株会社の普及により、M＆Aがクロスボーダーで行われるなど、そのことが金融業務の多角化を一層促進した。そのことは金融機関相互の競争を国際的規模で拡大することになった。最後に、銀行の国際化戦略と収益性を論じたが、1990年代からの国際化戦略は、グローバル化の中での地域主義化の方向が強くなっていることが新しい傾向であることを指摘した。銀行は、それぞれの地域の特性に合わせて金融業務サービスを提供するが、業務を専門特化し、コア・コンピタンスを行いながら、銀行業務の特性を相互に提携して活用することが、単なる現地化と異なる地域主義化の戦略である。

　銀行が海外に進出する動機は、多国籍企業と同様に現地市場に如何に収益性の潜在性（高い投資利益率、金利・手数料収入、また低い資本コスト、競争状態）があるかにより決まってくる。またグローバル化における地域化のための戦略として、競争相手との提携関係を結ぶことは業務の専門特化の戦略として有効な方法と考えられる。本章では、その提携関係を十分には論じられなかったが、これについては、今後の課題とする。

索　引

人名

アリバー（Aliber, Robert Z.） ………… 28
ウェストン（Weston, J.Fred） ………… 9
エイテマン（Eiteman, David K.） …… 27
オコーナー（O'Conner, Adian） …… 173
カブスギル（Cavusgil, S.Tamer） …… 34
カプナー（Kapner, Kenneth R.） …… 150
キューリイ（Khoury, Sarkis J.） …… 166
コイル（Coyle, Brian） ………… 149, 153
コノリィ（Connolly, Michael） ……… 31
ジョンズ（Jones, Jeoffrey） ………… 165
ストーンヒル（Stonehill, Arhtur I.） … 27
ストバウ（Stobaugh, Robert B.） …… 21
スミス（Smith, Adam） ……………… 12
スミス（Smith, David C.） ………… 176
スレージャー（Slager, Alfred） …… 183
ゼーノフ（Zenoff, David B.） ………… 7
ソージ（Sorge, Bart W.） ……………… 9
ツヴィック（Zwick, Jack） …………… 7
ナイト（Knight, Gary） ……………… 34
バーガー（Berger, Allen N.） ……… 176
マーシャル（Marshall, John F.） …… 152
ユーゴウ（Ugeux, George） …… 144, 145
リーゼンバーガー
　（Riesenberger, John R.） ………… 34
リカード（Ricardo, David） ………… 12
ロビンズ（Robbins, Sidney） ………… 21

ア行

アジア太平洋経済協力（APEC） ……… 99
アライアンス（提携） …………… 4, 12
移行経済圏 ……………… 18, 111, 122
受入国政府 ……………………………… 8
運転資金 ……………………………… 29
英国銀行協会（BBA） …………… 160
英国金融サービス協会（FSA） …… 160
エクイティ ……………………… 117, 133
欧州経済共同体（EEC） …………… 20
欧州連合（EU） ………………… 99, 113
オフショア市場 ……………………… 179
オプション取引 …………… 33, 47, 144
親会社 …………………… 4, 117, 120
親会社持分 ………………… 116, 117
オンショア市場 ……………………… 179

カ行

海外売上高割合 ………………… 108, 109
海外子会社 ………………………… 8, 115
海外資産割合 …………………… 108, 109
海外直接投資 ………………… 5, 43, 54
海外販売子会社 …………………… 15
海外利益 ……………………… 120, 128
外国為替市場 ……………………… 7, 27
外国為替レート …………………… 10, 27
外債 ………………………………… 35
確定利付債 ………………………… 53
課税回避 ………………… 113, 124, 137
合併・買収（M&A） ……………… 6, 87
株価極大化 …………………… 19, 29, 41
株価時価総額 ……………………… 192
株主価値 …………… 19, 103, 111, 128

197

貨幣・非貨幣項目 …………… 24	財務リンク ……………… 22,23
為替エクスポージャー ………… 27	先物取引 ………………… 33,47
換算エクスポージャー ………… 38	先渡し契約 ………………… 39
換算調整額 …………………… 117	自己金融 ………………… 118,128
機関投資家 ………………… 33,103	自己資本 ………………… 118,133
企業価値 ……………… 41,79,111,129	自己資本比率規制（BIS規制）…… 188,189
企業間純負債勘定 …………… 117	資産損失 ……………………… 9
企業優位性 ………………… 57,58	市場価値 ………………… 55,57
議決権付株式 ………………… 116	市場の内部化 …………… 70,73,75
擬制資本 …………………… 129	資本化率 ………………… 48,50,53
期待利益率 ………………… 55,56	資本金 …………………… 117
キャッシュフロー ………… 29,30	資本構成 ………………… 28,30,49
金融子会社 ………………… 136,137	資本予算 ………………… 29,49
金融コングロマリット ……… 174	集権化 ……………………… 5,93
金融資本主義 ………… 31,101,128	商業銀行 ………………… 173,182
金利スワップ ………… 148,153,156	正味現在価値（NPV）……… 38,111
グローバリゼーション …… 12,18,34	シンジケート・ローン …… 140,144
グローバル・スタンダード … 41,112	スワップ ………………… 33,43
クロスボーダーM&A …… 3,12,115	生産費 ………………………… 13
経済協力開発機構（OECD）…… 19	政府系投資ファンド（SWFs）…… 115
経済的エクスポージャー ……… 38	世界投資報告（WIR）…… 120,121
現在レート …………………… 39	世界貿易機関（WTO）……… 18,97
コーポレートガバナンス …… 19,101	セキュリタイゼーション … 142,145,164
国際金融・資本市場 ……… 131,134	折衷理論 ………………… 81,82
国際経営財務論 ……………… 3,6	総資産利益率 ……………… 171
国際直接投資 …………… 112,113	
国民総所得 …………………… 98	**タ行**
国有企業（SOEs）…………… 115	第1次企業合同運動 ……………… 3
国連貿易開発会議（UNCTAD）…… 107	多国籍企業 ……………… 4,30
固定金利 ………………… 55,153,154	多国籍銀行 ……………… 79,80,170
コンソーシアム …………… 132,172	タックスヘイブン ………… 40,113
	他人資本 ……………………… 118
サ行	単一通貨ユーロ ……………… 99
再投資利益 ………………… 120,122	知的資産IP ………………… 84

198

索　引

直接輸出 ………………………… 14
通貨スワップ ………………… 148,153
通貨の換算 ……………………… 23
通貨の転換 ……………………… 23
適正価格 ……………………… 75,92
デリバティブ ………………… 47,144
テンポラル法 …………………… 39
投資銀行 ……………………… 182
東南アジア諸国連合（ASEAN）……… 99
特別目的会社（SPE）……… 111,115,125
トランスファー・プライシング
　………………………… 33,40,78

ナ行

ネッティング ………………… 48,135

ハ行

配当金 ……………………… 22,118
バック・ツウ・バック・ローン
　………………………… 150,152,153
パラレル・ローン ………… 150,151,153
比較優位 …………………… 13,98,156
ヒストリカル・レート ………………… 24
フィナンシャル・スワップ …… 147,148
プラザ合意 ……………………… 16
不良債権 ……………………… 193
プロダクト・サイクル ………… 61,67
フロンティング・ローン ……… 36,37
分権化 …………………… 5,88,93
変動金利 …………………… 136,147,153

変動相場制 …………………… 6,11,93
ポートフォリオ投資 ……………… 10
ホールセール業務 …………… 185,187
北米自由貿易協定 ……………… 99
本社スタッフ …………………… 25
本社送金 ………………………… 8

マ行

マルチラテラル・ネッティング …… 36,37
無形資産 …………………… 122,124
持株会社 …………………… 18,125

ヤ行

有形資産 ……………………… 124
ユーロ・クレジット ………… 140,142
ユーロ・ボンド ……………… 141,143
ユーロ市場 ………………… 7,61,135
ユーロダラー ………………… 35,179
ユーロボンド ………………… 35,61

ラ行

ライボー（LIBOR）………… 154,155,158
リーズ・アンド・ラグズ ……… 47,133
リスク資産 …………………… 189
リテール業務 ………………… 187,188
流通過程 ……………………… 16,17
流動・非流動項目 ……………… 24
留保利益 …………………… 116,118
ロイヤリティ ……………… 23,119,124
ロールオーバー・クレジット …… 144,145

199

著者紹介

小林　康宏（こばやしやすひろ）

略歴

　1945年　横浜市生まれ

最終学歴

　1975年3月　中央大学大学院商学研究科博士課程単位取得満期退学

職歴

　1975年4月　松商学園短期大学専任講師，助教授（1977年4月）を経て，神奈川大学経済学部助教授（1986年4月），同教授（1989年4月）。

　その間，リバプール大学客員教授（1995年～1996年）

　現在　神奈川大学経済学部教授

研究業績

　学会賞受賞（日本財務管理学会2016年10月）

　単著『国際経営財務の研究－多国籍企業の財務戦略－』税務経理協会（2016年3月）

〔編者〕

　丑山優・熊谷重勝・小林康宏編『金融ヘゲモニーとコーポレート・ガバナンス』税務経理協会，2005年4月。

〔分担執筆〕

　丸山恵也・熊谷重勝・陣内良昭・内野一樹・關智一編『経済成長の幻想』創成社，2015年11月。

〔分担執筆〕

　高橋昭三編『資本市場の変容と経営財務』中央経済社，1992年5月。

　その他多数

その他の活動

　日本経営財務研究学会評議員（2008年～2013年）

　日本財務管理学会常任理事兼副会長（2008年～2013年）

　証券経済学会幹事（現在に至る）

　日本財務管理学会理事（2017年4月～現在に至る）

著者との契約により検印省略

平成28年3月30日 初版第1刷発行	国際経営財務の研究
平成30年6月20日 初版第2刷発行	－多国籍企業の財務戦略－

著 者 小 林 康 宏
発 行 者 大 坪 克 行
製 版 所 税経印刷株式会社
印 刷 所 光栄印刷株式会社
製 本 所 牧製本印刷株式会社

発 行 所 　〒161-0033 東京都新宿区　　株式　税務経理協会
　　　　　　下落合2丁目5番13号　　会社
振　替 00190-2-187408　　電話 (03)3953-3301（編集部）
ＦＡＸ (03)3565-3391　　　　　(03)3953-3325（営業部）
　　　　URL http://www.zeikei.co.jp/
乱丁・落丁の場合は、お取替えいたします。

Ⓒ 小林康宏 2016　　　　　　　　　　　Printed in Japan

本書の無断複写は著作権法上での例外を除き禁じられています。複写される
場合は、そのつど事前に、(社)出版者著作権管理機構（電話 03-3513-6969,
FAX 03-3513-6979, e-mail : info@jcopy.or.jp）の許諾を得てください。

JCOPY ＜(社)出版者著作権管理機構 委託出版物＞

ISBN978-4-419-06347-4　C3034